JN192832

聖公会が大切にしてきたもの

Nishihara Renta
西原 廉太

教文館

序文

「日本聖公会とは、どんな団体なのですか」とよく訊かれます。一番手っ取り早い方法は「英国教会の流れを汲むキリスト教会」と説明することです。ロンドンを訪れたことのある人は、聖パウロ大聖堂やウエストミンスター・アビーを思い浮かべ、「あの教会が属するキリスト教か」と納得します。

一五一年前、聖公会の宣教師として長崎に初めて足を踏み入れたのは、アメリカからやってきたウィリアムズ主教という人です。ここで、はたと考え込んでしまいます。英国教会の流れを汲む教会であれば、当然英国から最初に宣教師がやってきて、その人たちの手によって、英国型の教会を日本に創りあげたと思うのが当然なのに、どうして、アメリカなのだろうか、という疑問です。

聖公会のことを英語で Anglican Church（アングリカン・チャーチ）、全世界の聖公会のことを Anglican Communion（アングリカン・コミュニオン）といいます。現在、聖公会員は約八千万人を数え、宗教改革時代、ローマ・カトリック教会から袂を分かった教会としては、最大の教派に成長しました。

聖公会の源流は一六世紀の、英国教会（The Church of England）にありますが、アメリカ独立戦争を契機に一七八五年、海外で初めてアメリカ聖公会（Protestant Episcopal Church in the United States of America）が誕生し、福音宣教の熱意に駆られたウィリアムズ主教が日本人にキリスト教を伝え、日本人のための日本聖公会（ＮＳＫＫ・The Holy Catholic Church in Japan）設立の礎を築いたのです。

現在まで、聖公会の教会は一六〇か国に拡がり、四四の、自律した聖公会管区が誕生しました。

各聖公会は、同じ祈祷書、同じ聖歌集、同じ教会規則を用いてはおりません。それぞれが置かれている政治、経済、社会、宗教的状況のなかで、受け継がれてきた遺産、慣習などを反映した、独自の礼拝式文や規則を保持しながら、一致の絆で結ばれているのです。

礼拝のかたちや雰囲気に関して言えば、南米の聖公会では、礼拝のなかでサンバのリズムの聖歌が歌われますと、多くの信徒の体が自然と動きだし、踊りが始まります。東南アジア聖公会の教会を訪れますと、礼拝堂正面横には、バンドが控え、ロックのリズムの聖歌が歌われ、信徒の多くは、両手を高く挙げながら、神を賛美します。厳かな雰囲気のなかで行われる日本聖公会の礼拝とは相当隔たっております。しかし、この違いは、多様化のあらわれの一つといえます。

多様化のなかでの一致を保つ世界の聖公会の心棒とはなにか、これを簡潔かつ明快に解説しているのが、本書『聖公会が大切にしてきたもの』です。

本書は、聖公会関係各学校の建学の精神を学ぶうえで、最も適した教科書といえます。特に、新入生の自校教育の教材として用いられることを期待します。

二〇一〇年二月

聖公会関係学校協議会会長
松蔭女子学院大学院長
主教　アンデレ　中村　豊

目次

巻末資料

はじめに

二〇〇九年夏に、横浜で開催された聖公会関係学校の研修会で、私は講師を務めさせていただきました。担当校であった立教新座中高のみなさんからのリクエストで、日本聖公会一五〇年の記念に当たる年であったこともあり、私たちの共通のルーツである「聖公会」について話をせよということでした。参加者名簿を拝見したところ、ベテランの校長先生やチャプレンの先生方はもちろんですが、最近、それぞれの学校でのお働きを始められた方々も多いようにお見受けしました。その中には、自分の学校は「聖公会関係学校」と言われているけれども、そもそも「聖公会」とは何か良く分からないという方もおられるのではないかと思った次第です。私の属しております立教大学でも、立教がキリスト教学校だということも認識されずに着任される方も少なくありません。キリスト教であることは分かっていても、「聖公会」について語れる先生は実に少ないのが現状です。

本書は、せっかく、「聖公会関係学校」で働いている者たちが、聖公会という教会が大切にしてきたもの、大切にしてきた視点はいったい何かについて、理解を深める手掛かりとなれば、ということを主なる目的で書かせていただきましたが、聖公会と接点を持たれている方々、あるいは聖公会という教会に関心をお持ちの方々にも、お読みいただければ幸いです。

ペリーと聖公会

研修会を行った横浜グランドホテルの会場は、「ペリー来航の間」ということでした。言うまでもなく、黒船を率いて日本に来航したマシュー・カルブレイス・ペリー提督を記念した会場です。実は、このペリー提督は聖公会の信徒でした。

マシュー・カルブレイス・ペリー

ペリー家はもともと米国聖公会の熱心な家系です。ペリー自身も、ニューヨークの聖三一教会で洗礼を受けたという記録があります。ペリーは、一八五八年の三月四日に六四歳で亡くなります。彼は、晩年はお酒がひどく、アルコール依存症となり、肝硬変で亡くなります。ペリーが葬られた墓は、それはペリー家のお墓ですが、ニューヨークの聖公会の教会の墓地です。

ちなみに、初代駐日公使となった総領事の、

タウンゼント・ハリス

日米修好通商条約を締結したことで大変よく知られているタウンゼント・ハリスも聖公会です。ハリスは明確に聖公会、アングリカンのアイデンティティを持って日本でも活動していた記録が残っています。私たちの聖公会関係学校の児童、生徒、学生たちも、おそらく、ペリーやハリスの名前はみんな知っていると思います。しかし、実は、彼らが聖公会のメンバーであったということはあまり知らないのではないかと思います。これは一例ですが、このように、世界史や日本史においても、聖公会としてのアイデンティティを持つ人物や、聖公会とのつながりがあるという例はたくさんあります。それらは教科書には出てこないのです。

私たちの学校、特に聖公会関係学校で試みたいことの一つは、聖公会という言葉をキーワードにして、例えば世界史を学ぶ、日本史を学ぶとか、聖公会をキーワードにして文学や文化、芸術を学ぶ、あるいは科学を学ぶ。そういったことなども、実は、私たち聖公会関係学校だからこそできる非常に面白い作業だと思います。何かしら聖公会関係学校共同でテキストのようなものができればと願っています。

ペリーについてもう一つだけエピソードをご紹介します。ペリーは、結局、二度にわたって日本に来航しているのですが、その二回目の来航の際の出来事です。二回目のペリー来航は一八五四年の三月六日、和暦では嘉永七年二月八日となりますが、ペリー艦隊のミシシッピー号に搭乗していた陸戦隊員のロバート・ウィリアムズという人がおり、そのウィリアムズが脳の病で亡くなるのです。

当時の記録によると、このロバート・ウィリアムズ隊員の葬儀が亡くなった三日後の三月九日に行われています。彼の葬儀を誰が行ったか。それはペリー艦隊付きチャプレンの聖公会の司祭です。ジョージ・ジョーンズという米国聖公会の司祭によってウィリアムズ隊員の葬送式が挙行されました。その際に用いられた式文は、当然ながら米国聖公会の『祈祷書』です。『祈祷書』で行われました。

当時の艦隊の記録、航海日誌の記録には、二、〇〇〇人以上の日本人が、二世紀以上の間、彼らの国で公になかったキリスト教儀式を初めて目撃した、と書かれています。この出来事は、もちろん、この記録にあるように、キリスト教が禁教であった間、日本で行われなかったキリスト教の儀式であったと同時に、この儀式は日本の地で聖公会の

『祈祷書』によって行われた最初の聖公会の礼拝となったのです。

このロバート・ウィリアムズの葬送式が行われたのが、増徳院というお寺です。お寺の境内で行われたのです。それが後に横浜山手外人墓地の発祥ともなります。そのときの航海日誌が非常に面白いのです。読んでいるとそのまま夜が明けてしまうぐらい面白いのですが、ジョーンズ司祭がウィリアムズの葬送式を聖公会の式で行っているその真横で、増徳院のベテランのお坊さん、高僧がずっと読経をして彼の死を悼んでいた、というのです。葬送式が終わって、みなが隊列を組んで麓まで下りてから後も、ずっとそのお坊さんはウィリアムズのために祈っていたと言います。そのことにこの航海日誌を書いた記録者が感銘を受けているのです。日本人の宗教性とはこんなに素晴らしいのかという、そのような記録もあります。そのようなわけで、日本における聖公会初の礼拝は、ペリーとも非常に縁のある形で行われました。この横浜の地で、聖公会関係学校の研修会が持たれたというのは、非常に意味あることでした。

チャニング・ムーア・ウィリアムズの来日

その後、本格的に聖公会による宣教が日本においてなされるのは、米国聖公会の宣教師であるチャニング・ムーア・ウィリアムズによってです。ウィリアムズだけでなく、一緒にジョン・リギンズという宣教師も米国聖公会から来ました。二人とも上海におり、一八五九年に上海から長崎に上陸したことに始まるのです。このウィリアムズとリギンズが長崎に上陸した年が一八五九年ですから、二〇〇九年は、ちょうど日本聖公会宣教一五〇年とされているのです。

立教大学池袋キャンパスのチャニング・ムーア・ウィリアムズ像

このウィリアムズと一緒に来たリギンズは、残念ながら、来日直後に病のために帰国しますが、ウィリアムズはその後も長崎にあった崇福寺に居住し、最初は英米の商人のための礼拝を行っていました。ですから、日本人への伝道ではないのです。英米の商人のために主日礼拝、日曜日の礼拝を守っていたのです。実は、ウィリアムズが来日してから七年間は、幕府の禁教政策のために日本人に直接伝道できませんでした。許されませんでした。この七年の間は、ウィリアムズはこの崇福寺の中にいて、ひたすら日本語を勉強していました。日本語を勉強して、「主の祈り」や「使徒信経」や「十戒」を日本語に翻訳したり、『祈祷書』を中国語版から日本語訳に直したり、そのような生活をしていました。

しかし、全く見通しがなかったのです。この七年間のウィリアムズのことを思うと、私は非常に感銘を受けるのです。七年の間、全く行き先が見えない、見通しがない中で、しかし彼はずっとそこにとどまって日本への宣教の機会を窺っていたという。そのことに私たちも思いを馳せたいと思います。全く希望も展望もない中で、ウィリアムズが過ごした時はいかばかりであったかと思うのです。

一八六六年にウィリアムズは米国に一時帰国し、ニューヨークの聖ヨハネ教会で日本および中国主教として按手されます。一八六九年に再来日、ついに大阪で宣教を開始することができました。そして、ウィリアムズだけではなく、一八七三年には英国教会からも宣教師が来日します。本書においても「英国教会」という言葉が何度も登場しますが、これは、The Church of England の訳です。この The Church of England の訳語ですが、日本ではなかなか定訳がないと言ったほうがいいかもしれません。恐らく、社会の教科書では「英国国教会」という名前で語られているのでしょう。しかし、The Church of England には「国」という字が入っていませんので、あえて直訳すると英国教会ですとか、イングランド教会あるいは英国聖公会ということになります。ここでは「英国教会」という言い方で統一しますが、その英国教会からも宣教師が来ます。ウィリアム・ライトやアレクサンダー・クロフト・ショーらが日本に来るのです。ショーは、福澤諭吉と

ローワン・ウィリアムズ
第104代カンタベリー大主教

キャサリン・ジェファーツ・ショーリ
前米国聖公会総裁主教
The Anglican Communion official website

日本聖公会宣教 150 年記念礼拝(2009. 9. 23)　日本聖公会管区事務所提供

親交を深め、また、軽井沢を開いたことでも有名です。一八七三年にウィリアムズ主教は東京に転居しまして、深川や神田、浅草に伝道所、講義所を開設します。一八七四年には築地に立教学校をつくります。それ故、今回の研修会を主管した立教学院にとっても二〇〇九年は創立一三五年ということになります。

以上のように、二〇〇九年は日本聖公会宣教一五〇年の記念すべき年で、九月二三日にはローワン・ウィリアムズ、第一〇四代カンタベリー大主教を迎えて、場所は東京の関口にあるカトリックのマリア大聖堂をお借りして、宣教一五〇年の大礼拝が行われました。聖公会自前では二、〇〇〇人規模の大聖堂がないものですから、カトリックの大聖堂をお借りしました。カンタベリー大主教のみならず、キャサリン・ジェファーツ・ショーリ、米国聖公会総裁主教や大韓聖公会からのすべての教区主教、その他、世界各地から多数のゲストを迎えての日本聖公会宣教一五〇年の記念の大礼拝がもたれました。

ジャン・ベッテルハイムの琉球宣教

一方で、この聖公会日本宣教一五〇年という数え方に対して異論があったこともまた事実です。ウィリアムズが長崎に到着した一八五九年の一三年も前の一八四六年に、英国教会の信徒宣教者であったバーナード・ジャン・ベッテルハイムがすでに琉球に伝道を開始しているからです。これは非常に重要な歴史です。この一八四六年という年も私たちは大事に覚えたいと思います。

なぜ、この一八四六年が聖公会宣教の基準点とされないのかという事柄に対して、よく公式的に伺う回答は、ベッテルハイムの宣教は個人的なものであって組織的ではなかった、あくまでもプライベートな伝道だったということです。また、日本伝道という意味では外史であるというような説明です。しかしながら、一八五〇年に、英国教会のジ

バーナード・ジャン・ベッテルハイム

ヨージ・スミス香港主教が、琉球にいたベッテルハイムを訪問しています。その際の公式報告書が残っています。

そのジョージ・スミス主教のベッテルハイム訪問の公式報告書によると、ベッテルハイムの伝道というのは当時の日本伝道を開始するに当たっての唯一の回路であると書かれています。ただ一つの回路、つまり禁教していますから、日本の本島に直接伝道できないけれども、本格的な日本伝道を開始するためのただ一つの回路がベッテルハイムの琉球伝道であるということ。そして、スミスは、ベッテルハイムに対する当時の琉球の為政者、琉球政府の取扱い方針について記録しており、実は、それは琉球政府の方針ではなくて幕府の指示に基づいていたということが記されています。

ですから、そのようなことを合わせて考えると、ベッテルハイムの宣教とは決してプライベートなものではなかったということが分かります。非常に公式的な要素が含まれていたということです。私たちが、この日本の聖公会を形成したウィリアムズ主教や英国からのエドワード・ビカステテス主教をはじめ、歴代の著名な指導者たちの労に感謝し

エドワード・ビカステス

記念することはもちろん大切なことです。一五〇年を記念することは大切なことです。しかし、私は、そういう本流として位置づけられている宣教の歴史のみならず、外史として、外側の歴史として周縁化されてしまった働きの一つひとつに、この機会にいま一度ていねいに光を当てて、そこから学ぶこともまた重要だと思っています。そうした歴史の一つひとつの中に、まさしく聖公会が大切にしてきた本質を読み取ることができるのだろうと思うのです。

知里幸恵と小さき者への福音

まずご紹介したいのは、『アイヌ神謡集』、すなわち「ユーカラ」というアイヌの口伝

知里幸恵

の文化の中で代々伝えられてきたアイヌの人々の物語です。神の物語です。それをユーカラと言い、神謡集とも言うのですが、この『アイヌ神謡集』を筆録した女性に知里幸恵（ちりゆきえ）がいます。

知里幸恵は、若くしてこのユーカラを伝えていく働きをしたのですが、みなさんも国語辞典でご存じだと思いますが、国語学者の金田一京助に見出され、後に金田一京助の下で、北海道から東京に移り、その金田一京助の家で、口伝であった『アイヌ神謡集』を文字化していくのです。筆録をしていくのです。そして、最終的に『アイヌ神謡集』、ユーカラを文字に置き換えた。それを私たちに残してくれました。彼女は非常に貴重な働きをしたのです。残念ながら、知里幸恵は一九歳で心臓の病で天に召されますが、そのような女性がいます。

英国教会のＣＭＳ（教会宣教協会）という宣教協会の宣教師であったジョン・バチェラー司祭は、北海道においてアイヌの人たちのために伝道した、いわゆるアイヌ伝道を行いました。アイヌの父とも言われた方ですが、そのバチェラーの名前は、みなさんの中でもご存じの方も多いと思います。また、この『アイヌ神謡集』であるユーカラを筆録し編纂した知里幸恵は、バチェラーやバチェラーから伝道されて聖公会のアイヌ人伝道師となった金成マツ（幸恵の養母）から影

ジョン・バチェラー

響を受けて聖公会の信徒になっています。洗礼を受けて、日曜学校なども一生懸命出ているのです。彼女の日記には、彼女の生き生きとした信仰が記されています。

幸恵が一九歳で亡くなるまで、彼女にキリスト教、あるいは福音というものが非常に大きな影響を与えていて、彼女の晩年の日記は、ほとんど毎日、聖書の言葉や神への祈りについて書かれています。金田一京助も後に、幸恵についてこう書いています。

「この幸恵という娘は、人が犠牲になったという話が出ると、その犠牲になった人のためにお祈りするのです。キリストその人も、民の犠牲になって、最高のりっぱな

お方です。人の犠牲になった方たちはうらやましい、と、そう考える娘でした」。

最近でしたが、朝日新聞に知里幸恵の特集が掲載されました。楽しみに読みました。ただし、この朝日新聞の知里幸恵特集の中には、一言も彼女とキリスト教の接点は書かれていません。ましてや、聖公会との接点は何も書かれていないのです。

ユーカラにはたくさんのユーカラがあり、アイヌの宗教文化の中では神はたくさんいますから、木も神ですし熊も神ですし、さまざまな動物も神々です。さまざまな神のことを謳っているのですが、知里幸恵が膨大なユーカラの中で第一番目に大切なユーカラとして筆録をしたのが、「銀の滴降る降るまわりに、金の滴降る降るまわりに」というユーカラです。これはフクロウの神です。フクロウの神の物語を彼女は最も大切にしたのです。それが幸恵の『アイヌ神謡集』のいちばん最初に出てくるのです。

「…『銀の滴降る降るまわりに、金の滴降る降るまわりに』という歌を歌いながら子供等の上を通りますと、(子供等は)私の下を走りながら云うことには、『美しい鳥！　神様の鳥！　さあ、矢を射てあの鳥、神様の鳥を射当てたものは、一ばんさきに取った者はほんとうの勇者、ほんとうの強者だぞ』。

云いながら、昔貧乏人で今お金持ちになってる者の子供等は、金の小弓に金の小矢を番えて私を射ますと、金の小矢を私は下を通したり上を通したりしました。
その中に、子供等の中に
一人の子供がただの（木製の）小弓にただの小矢を持って仲間にはいっています。
私はそれを見ると貧乏人の子らしく、着物でもそれがわかります。（中略）
自分もただの小弓にただの小矢を番えて私をねらいますと、
昔貧乏人で今お金持ちの子供等は大笑いをして云うには、
『あらおかしや貧乏の子、あの鳥、神様の鳥は私たちの金の小矢でも
お取りにならないものを、お前の様な貧乏な子のただの矢腐れ木の矢を
あの鳥、神様の鳥がよくよく取るだろうよ』
と云って貧しい子を足蹴にしたり、たたいたりします。
けれども貧乏な子は、ちっとも構わず私をねらっています。
私はそのさまを見ると、大層不憫に思いました。
『銀の滴降る降るまわりに、金の滴降る降るまわりに』という歌を
歌いながらゆっくりと大空に、私は輪をえがいていました。
貧乏な子は、片足を遠く立て片足を近くたてて

下唇をグッと噛みしめて、ねらっていて、ひょうと射放しました。
小さい矢は美しく飛んで、私の方へ来ました。それで私は手を差しのべて
その小さい矢を取りました。
クルクルまわりながら私は、風をきって舞い下りました。……」。

この詩が、フクロウの神の詩ですが、幸恵がいちばん大事にした詩です。金持ちの子が射る金の矢には当たらなかったフクロウの神が、ボロボロの着物をまとい、他の子からばかにされ、足蹴にされる貧しき子を憐れに思うのです。そして、その子が放った木の矢に自ら当たっていくということです。要するに、「取る」というのは、フクロウの神がその貧しい子が射放った木の矢に自ら体を当てて、そして絶命しながら地面に降りていく、落ちていくのです。「銀の滴降る降るまわりに、金の滴降る降るまわりに」。そう歌いながら、その子のためにフクロウの神は自ら絶命しながら落ちていくというユーカラです。

この非常に美しく、哀しいユーカラを幸恵がなぜに『アイヌ神謡集』の第一に選んだのか。私は、そこには確実に幸恵の中に受肉していたイエスの福音があったことは間違いないと思っています。アイヌとして虐げられていた痛み。これも日曜学校での物語の

中で彼女は書いているのですが、イエスは一体誰と共に生きられたのか。バチェラーが伝えた福音書、聖書を彼女たちが読んで、まさにイエスという方は、そのように虐げられて貧しくされて足蹴にされている人たちのために自ら死んで、そして、よみがえられるのだと。

その福音を彼女は日曜学校で語っているのです。その福音理解が幸恵の中に受肉して、そしてこのフクロウの神の物語を、彼女にして第一のユーカラとして選ばせしめたと思っています。たまたまバチェラーが聖公会だったのかもしれませんが、しかし聖公会が伝えた福音というものがこういう形で幸恵の中に、一人のアイヌの女性の中に受肉したのだということです。そういうことを、ぜひ、みなさんの学校の子どもたちに伝えてほしいと思います。朝日新聞は伝えませんから、みなさんがぜひ伝えてほしいと思っています。

「女工哀史」と聖公会

私は現在、東京に住んでいるのですが、愛知県や岐阜県、長野県や新潟県を宣教の場としております中部教区所属の司祭です。そして、私が立教に赴任する前に住んで牧会していました長野県の諏訪湖の畔にある岡谷聖バルナバ教会という教会の管理牧師を今でもさせていただいています。この岡谷の教会は、二〇〇八年六月に聖堂聖別八〇周年の記念礼拝を祝うことができました。中部教区全体がそうですが、この岡谷に宣教したのはカナダ聖公会です。カナダ聖公会の宣教師たちが中部教区の教会をつくっていったのですが、この岡谷の教会もカナダ聖公会のホリス・コーリー司祭が宣教してでき上がりました。

コーリー司祭が岡谷という場所に教会を建てる決断をしたときに、どれほどの者がこの岡谷の教会の将来を確信し得たでしょうか。今も非常に小さな教会です。貧しい教会です。フルメンバーが揃っても二〇人くらいにしかならないような教会ですが、八〇周年の感謝の祈りを捧げることができました。これは、ある意味、奇跡だと思っています。八〇年前の当時、諏訪湖一帯をコーリー司祭が伝道し、いよいよ聖堂を建てることになり、諏訪の一帯のどこに教会を建てるのか、そういう選択に迫られました。カナダ・ミッションの指示はより賑やかな温泉地で有名な下諏訪、あるいは上諏訪でした。実際、他のプロテスタントの諸教会は、現在でもほとんど上諏訪、下諏訪にあるのです。

しかし、コーリー司祭は拒否しました。コーリー司祭は、諏訪の一帯で最も重荷を背負わされている人々のために教会を作りたい、最もしんどい思いをしている人たちのために聖堂を建てたいと考えていました。一九二八年当時の岡谷は製糸工業の町でした。実は、岡谷の人口は、今とほとんど変わらないのです。六万人ぐらいです。ただ、人口比は全く違い、当時の岡谷の町の六万人のうちの七割八割が、一四歳から一七、一八歳ぐらいまでの「女工」さんでした。有名な山本茂実の『あゝ野麦峠』という本があります。あれは飛騨から山を越えて岡谷に働きに来ていた少女たちの涙の物語です。当時の岡谷は「女工」さんたちで溢れかえっていたのです。私も、岡谷に住んでいるときに、岡谷の図書館で調べましたら、当時の共産党が調査をした資料が出てきて、そのタイトルが『製糸女工虐待史』というのです。そこにはこの文面には書けないような悲惨な状況が克明に描かれています。「女工」たちがいかにつらい思いをしていたかということです。

ですから、コーリー司祭は岡谷に教会をつくることを決断したのです。彼女たちのための、「女工」さんのための聖堂を作りたい。だから、教会は岡谷だと決断しました。それに対してカナダ・ミッションは反対をしました。「女工」さんたちは季節労働者で帰ってしまう。もちろん貧しい。経済的な支えにはならないのです。定着もしない。そんな者たちが集まっても教会を維持できるわけがないと反対しました。

しかし、コーリー司祭は「お金のことは神さまが何とかしてくださる」と応えたのです。現在でも信徒でおられる、九六歳の元「女工」の信徒さんはこう語られます。「なけなしのお小遣いを献金として手に握りしめながら教会に駆けつけると、階段の下で背の高い青い目の司祭さんが待ちかまえていて、よく来たねと言って私を抱きしめてくれた。お説教の意味はほとんど分からなかったけれども、司祭さんが抱いてくれた温かさに私は涙が溢れた。教会は確かに天国だった」。

みなさんも信州にお寄りの際は岡谷のこのバルナバ教会に一度お寄りいただければと思いますが、聖堂は畳敷きです。それは「女工」さんたちのリクエストだったそうです。普段、一日一六時間労働で、休み時間は全部足しても四〇分にしかならない。しかも、「女工」さんたちは、工場では硬い、何のクッションもない木の椅子に座らせ続けられていたのです。その彼女たちが、教会に来たときには自分の実家に戻ったような思いになりたい、そういうリクエストだったのです。それに応えてコーリー司祭は岡谷の教会を畳敷きにしました。文字どおり、岡谷の教会は彼女たちの家だったのです。「教会」という言葉の原語は、ギリシア語で「オイコス・エクレシア」と言いますが、この本来の意味はまさに「家」でした。

この教会はそんな彼女たちが癒されて、慰められて、励まされて、そして自己の尊厳を回復していく、自らの尊厳を取り戻していくための場として存在してきたということです。岡谷聖バルナバ教会の歴史は中部教区の『教区九〇年史』にはわずか数行しか出てきません。しかし、これも大切な聖公会の歴史です。

日本聖公会は、二〇〇九年に宣教一五〇周年を祝いました。著名な牧師や神学者、あるいは大きな教会や大きな学校、事業の歴史だけではなく、小さいけれども民衆の涙を確かに拭った貴重な歴史の一つひとつに光を当てること、こうした作業こそが、私たちの聖公会関係学校につながる者たちの役割ではないかと思います。

ホリス・コーリー司祭（左）と
畳敷きの岡谷聖バルナバ教会

明治期のキリスト教指導者たちが想像もしなかった形で、聖書の福音は日本の民衆の中に生ける水として流れていきました。幸恵たちや「女工」さんたちにとって、聖書とは二〇〇〇年前に書かれた書物ではなかったということです。二〇〇〇年前に書かれた一書物などではなく、文字どおり、今そして明日を生きるための命の糧だった。それが聖書でした。一流の神学者や有名な牧師さんではない、彼女たちこそが本当の福音の意味を読み取っていたのかもしれない。この「奇跡」を、日本の宣教の歴史、日本の聖公会の歴史の中にしっかりと位置づけることが重要だと思います。

聖公会関係学校の児童、生徒、学生たちにとって、聖書は、二〇〇〇年前の書物、礼拝で読んでいる書物ではなく、本当に彼女、彼ら子どもたちの生ける糧となっているかどうか、そこを私たちは考えてみたいと思います。このような歴史から私たちが学ぶことは、聖公会という教会が大切にしてきたものに、小さくされてきた者たちへのまなざしというものが確実にあるということです。最も弱くされている者や、痛みや重荷を背負って生きていかなければならない者たちとともに聖公会は歩んできた。これこそが、聖公会が本質的に大切にしてきたものの一つであり、私たち聖公会につらなる学校の使命とは、このような小さくされた者へのまなざしを徹底的に大事にしていく教育を行うことであろうと思います。

オーガスティンの英国伝道

私がいつも聖公会の略年表を書くときには、五九七年から始めます。オーガスティン、英国カンタベリーに到着というところから始めています。六世紀の末、ローマが聖公会最初の舞台となります。オーガスティンがなぜ英国に来たか、その経緯をお話ししたいと思います。当時のローマ・カトリック教会で最も力の強かった重要な修道会はベネディクト修道会でした。ベネディクト修道会は、ぜひ、聖公会関係のみなさんには覚えておいていただきたい名前です。

ベネディクト修道会から数多くの教皇が出ています。今日でも重要な修道会ですが、六世紀末当時、ローマのベネディクト修道会の修道院長にグレゴリウスという人がいました。その時代、ローマにはいわゆる奴隷市場というものがあり、奴隷が売り買いされていました。修道院院長の大切な務めとして、慰問という働きがありました。その慰問の対象の中に、奴隷市場に連れてこられている奴隷たちがあったのです。

現代的な感覚で言うと、そもそも奴隷制度をやめさせるべきということになりますが、時代的な限界でした。当時の奴隷というのは、ほとんどが少年たちでした。いつものようにグレゴリウスがローマの奴隷市場を訪問したときに、少し変わった奴隷たちが彼の目に入ったというのです。ここから先は伝説ですので、史実かどうかは確認のしようがないの

ローマの奴隷市場のグレゴリウス

ですが、向こうのほうに青い目で白い肌で金髪の少年たちの奴隷がいる。それにグレゴリウスは驚くのです。お付きの人たちに「彼らは一体どこから来たのか」と聞くと、お付きは「彼らはアングロから来ました」と言った。今の英国（当時のブリタニア）から来たというのです。それで、グレゴリウスがこんな言葉を叫んだとされています。「いや、彼らはアングロ人（Angli）ではなくてアンゲリ（angeli）だ！」。アンゲリというのはエンジェルです。つまり、彼らは天使たちだと言ったという話があります。

グレゴリウスはその少年たちを招いて、「お前たちはどこから来たのか」と改めて聞き、そして彼の中に、このアンゲリたちが住んでいるアングロという土地（ブリタニア）にぜひ正統的なベネディクトのキリスト教を伝えたい、という思いが湧いたと言われています。それで、グレゴリウスはブリタニア伝道旅行を計画しました。

今でこそローマからロンドンまで行くのに飛行機で二時間ぐらいですが、当時ですからそのようにはいきません。一年以上かけて、アルプスを越えて谷を越えて、ドーバー海峡を渡ってという話ですから、大変な話です。人もたくさん要りますし、お金も必要でした。しかし、彼はそれらを全部揃えます。ブリタニア伝道の準備を整えたところで、またある事件が起こります。教皇が亡くなり、コンクラーベ（教皇選出選挙）が行われ、その結果、次期新教皇にグレゴリウス自身が選ばれてしまうのです。

先々代の教皇ヨハネ・パウロ二世は flying Pope と言われ、飛行機で世界中を飛び回ったという有名な教皇でしたが、当時の教皇はそんなに出歩いてはいけなかったのです。ローマにしっかりと構えていなければならない。ですから、そんなブリタニア伝道のような話は完全に不可能となりました。しかし、グレゴリウスは、せっかく準備した伝道旅行計画をぜひ実現したいと思っていました。そこで、彼が思い立ったのは、自分の後任のベネディクト修道会の院長にこの計画を実現させようということでした。その後任

教皇グレゴリウス（左）から
派遣されるオーガスティン（右）
カンタベリー大聖堂内チャペルの肖像画

がオーガスティンでした。聖公会は原則的に人名等を英語読みしますので、「オーガスティン」と表記しますが、ラテン語読みでは「アウグスティヌス」となります。有名なヒッポのアウグスティヌスと区別する際には、「カンタベリーのアウグスティヌス」と記述されます。

さて、オーガスティンを呼んでグレゴリウスが、「お前、ブリタニアへ伝道に行ってこい」と言うのですが、オーガスティンにすれば良い迷惑であったことでしょう。彼には何のモティベーションもないのですから。彼は「アンゲリだ！」とは叫んでいませんし、こんな大変な旅行に行かされるということで、苦渋の選択だったのです。しかし、その命令を下された方が、いまや、一院長ではなくて教皇です。教皇の命令には何があっても逆らえません。そのようにして旅に出たオーガスティンがローマを発ち、ドーバー海峡を越えて、辿り着いた場所が英国南部、ケント州のドーバー海峡にすぐ近い「カンタベリー」という町だったのです。

ヘンリー八世の時代、一六世紀に修道院が一斉に破壊された際に壊されてしまって今は廃墟になっているのですが、オーガスティンは英国で最初のベネディクト修道院を建てました。今もカンタベリーにオーガスティン修道院の跡があり、世界遺産です。カンタベリーに行かれた方はよくご存じだと思いますが、カンタベリー大聖堂の道を隔てた向こう側にオーガスティン修道院跡があり、そこに修道院を建てました。オーガスティンの墓もそこにあります。墓には「初代カンタベリー大主教オーガスティン」と書いてあります。このカンタベリーで、オーガスティンは初代のカンタベリー大主教となるのですが、その年が五九七年なのです。この五九七年を、私たちは聖公会のルーツであると考えています。

オーガスティン修道院跡

もちろん、一六世紀までは英国教会もロ

初代カンタベリー大主教
オーガスティンの墓

ーマ・カトリック教会の一枝で、一六世紀に聖公会としてローマから独立しますが、私たちの起源は五九七年まで遡るのです。巻末に歴代カンタベリー大主教のリストがあります。オーガスティンの聖別以来の表です。聖別年とは大主教とされた年です。初代オーガスティンの五九七年から数えて、第一〇五代カンタベリー大主教、ジャスティン・ウェルビーの二〇一三年着座までが記されています。このように私たちの聖公会の歴史は連綿とつながっているのです。これが聖公会の歴史です。みなさんもぜひこの歴史を認識していただければと思います。

「カンタベリーの主教座」とのリンク

カンタベリー大聖堂は、私たち聖公会の象徴的な意味での故郷です。そして、このカンタベリー大聖堂の中に「オーガスティンの椅子」があります。カンタベリー大主教の椅子、主教座です。大聖堂はどこでもそうですが、最も重要なものは実は「主教座」という椅子です。大聖堂というのは、極端に言うと、主教座の「覆い」です。この主教座のことを英語では"See"とも書き、カンタベリーの主教座であれば、"See of Canterbury"と書きます。ローマの教皇座は、"See of Rome"となります。聖公会に属する者にとっては、この"See of Canterbury"、カンタベリーの主教座は、極めて重要なものなのです。

私たちの学校は、「聖公会関係」と言いますが、何をもって「聖公会」であるかと言えば、その一つはこの"See of Canterbury"、カンタベリー大聖堂の中にあるカンタベリーの主教座、すなわち「オーガスティンの椅子」とリンクを張っているかどうかです。ですから、みなさんの学校は、このカンタベリー大聖堂の"See of Canterbury"、カンタベリーの主教座とリンクしているのです。それ故にみなさんは「アングリカン」、すなわち

「聖公会の」というタイトルが付けられるのです。

カンタベリー大聖堂

オーガスティンの椅子

信徒中心の英国宗教改革

一六世紀に英国国王ヘンリー八世が登場いたします。みなさんの学校でも、「聖公会」を多少知っている子は「ああ、あのヘンリー八世ね」ですとか「離婚してできた教会でしょう」とか、そのように言うことが多いのではないでしょうか。それは決して嘘ではありませんし、一つの事実ですが、私たちがしっかりと子どもたちに伝えたいのは、聖公会という教会はヘンリー八世の離婚でできた教会ではなく、英国における独自の宗教改革の結果、歩みを始めた教会だということです。これは必ず子どもたちに教えておきたい事柄です。

ヘンリー8世

信徒中心の改革が一六世紀

英国において実現され、聖公会が生まれたのです。例えば、英国の国王の位置づけについて、私たちはよく誤解しています。英国の国王とは、確かに国の為政者であり、最高権力者ですが、神学的にはあくまでも「信徒」です。英国における「信徒の代表」です。この点を認識できないとさまざまな誤解が生まれます。

英国の宗教改革の中で、一五三四年に「国王至上法」が出され、ローマから英国の教会が独立するのですが、それはローマ教皇の教導権よりも英国国王のほうが上位にくるということを表示するものでした。またそれは同時に、神学的には「信徒」のほうが教皇よりも上位に置かれたことを意味します。決定的に信徒の権威を高めたのです。英国の宗教改革も、ヨーロッパ大陸のルターやカルヴァンと同じように、信徒中心の改革であったのです。

日本聖公会は、一九九〇年まで祈祷書の中に「天皇のための祈り」を存置していました。これは英国の祈祷書中に「国王のための祈り」があり、これを模したと言われていますが、信徒の代表のための祈りである英国の「国王のための祈り」と、神道の代表である日本の「天皇のための祈り」とでは、その性格は一八〇度異なり、ここにも日本聖公会の神学的誤認があったと言わざるを得ません。

また、大陸の宗教改革では、ルター訳ドイツ語聖書に代表されるように、自国語で実

The generation Chap. j. of Christ.

THE
GOSPEL ACCORDING
to S. Matthew.

CHAP. I.

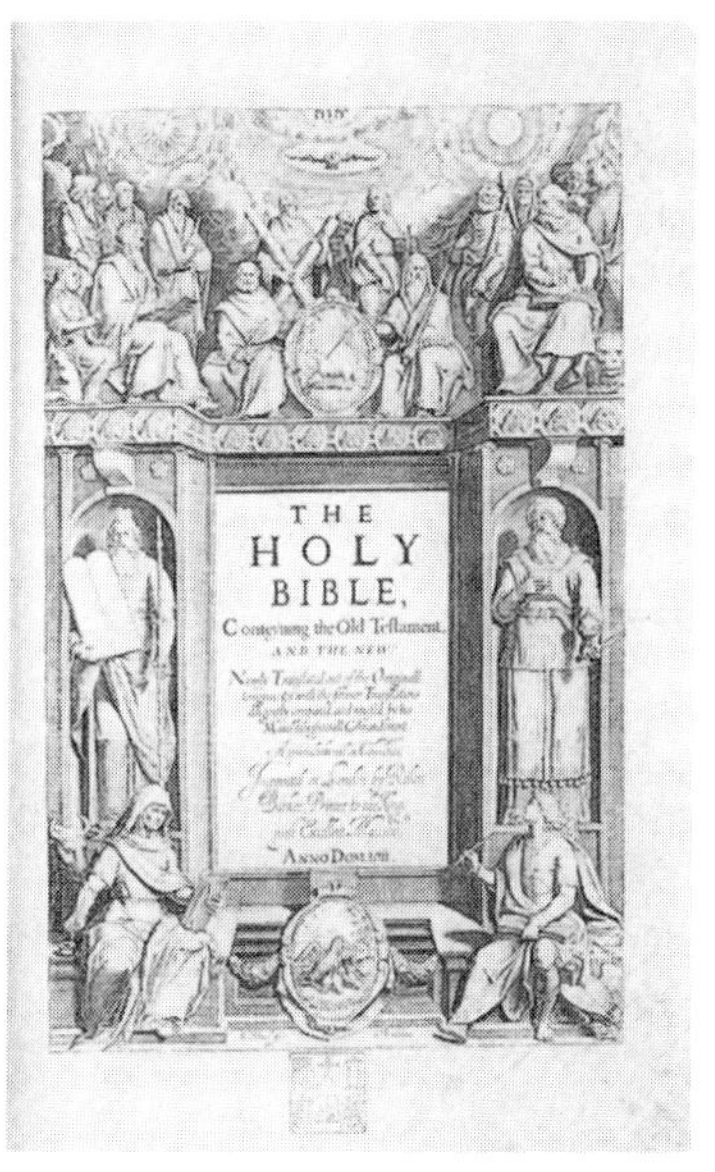

『欽定訳聖書』

際に信徒が聖書を読めるようにしましたが、英国でも同様に「英語訳の聖書」が実現されます。King James Version ですとか、Authorized Version と言われている有名な『欽定訳聖書』も、英国の宗教改革の結果生まれたものです。立教大学の文学部英米文学の学生は、つい最近までは必修としてシェークスピアと共に、この『欽定訳聖書』を学びました。英文学を真に読むためには聖書を知らなければ分からないのです。

英国宗教改革における最も重要な果実は、『祈祷書』の誕生です。各学校に『祈祷書』がおありかと思いますが、カンタベリー大主教、トマス・クランマーの努力によって『第一祈祷書』が生まれたのが一五四九年です。聖公会の宗教改革の大きな特徴が『祈祷書』の誕生であると言えます。『祈祷書』による礼拝は、信徒と聖職が交互に唱える形式です。逆に言いますと、信徒が存在しなければ礼拝が成り立たないのです。それまでのカトリックの礼拝では、祭壇上で司祭がラテン語で背中を向けて礼拝をしていました。会衆には意味が分からなかった。そうではなく、会衆が、信徒が、主体として参加するようになりました。これが聖公会の非常に大きな特徴となるのです。単にヘンリー八世の離婚（結婚の無効）によって生まれた教会ではなく、宗教改革の結果、新たな歩みを始めた教会が

トマス・クランマー

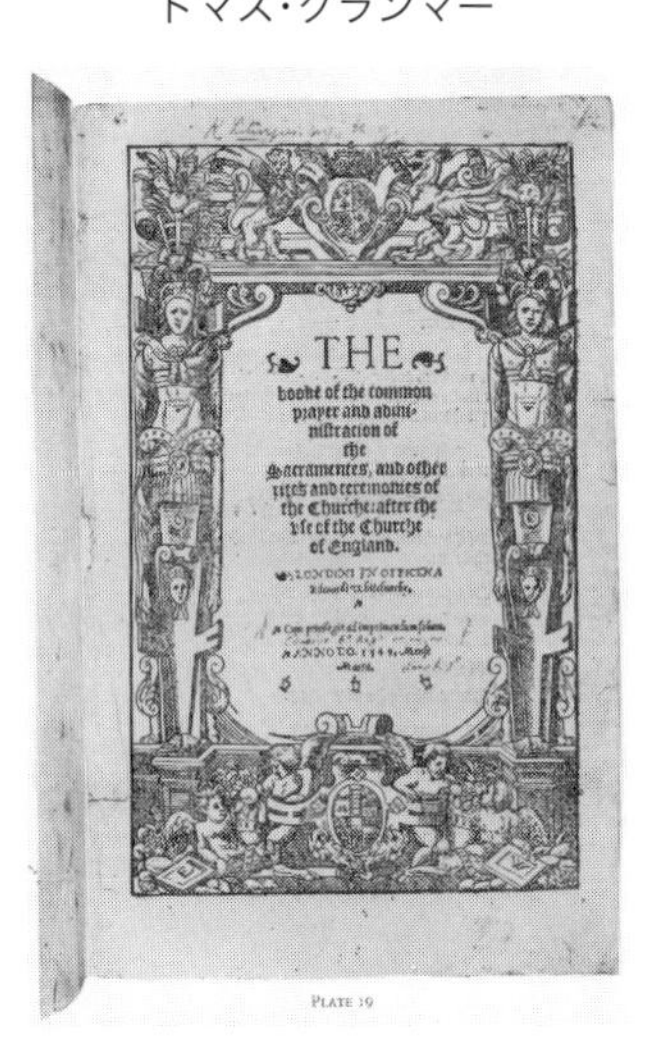
THE
booke of the common
prayer and admi-
nistracion of
the
Sacramentes, and other
rites and ceremonies of
the Churche: after the
use of the Churche
of England.

PLATE 19

『第一祈祷書』

聖公会であるということを、子どもたちにぜひ伝えていただきたいと思います。

ケルト・キリスト教と聖公会

よく聖公会は中道の教会だと言われます。あるいは、中間的な教会と言われます。何と何の中間かということですが、よく語られるのはプロテスタントとカトリックの間ということです。もちろん、それは間違ってはいません。プロテスタント、つまりローマに対抗（protest）したという意味ではプロテスタントですが、歴史的主教制も含めて、礼拝やさまざまな慣習は、カトリックのまま継承しています。そのような部分ではカトリックに限りなく近いのです。ですから、聖公会は、プロテスタントとカトリック両方の要素を持っている、あるいはその中間と言われるのは正しいのですが、実はそれだけではありません。ただ単にプロテスタントとカトリックの間ということだけではなく、「ベネディクトの伝統」と「ケルトの伝統」を併せ持つものとしての聖公会という点に注目していただきたいのです。

先述したように、オーガスティンは五九七年に英国に着きました。しかし、それ以前から英国にはキリスト教が存在していました。かつて、ローマ帝国がまだキリスト教を禁教としていた時代に、キリスト教徒は現在の英国あたりまで亡命しました。当時のローマ帝国というのは強大で、広大です。北はスコットランドの南側ぐらいまでローマ帝国でした。ですから、その上まで、つまりスコットランド以北あたりまでキリスト教徒たちは逃れていました。その当時亡命したキリスト教徒が定着し、すでにそこにあった宗教・文化、すなわちケルトの宗教やケルトの文化とシンクロするのです。そして、「ケルト・キリスト教」というものが生まれていくのです。このような形で土着するキリスト教という事例は日本のキリシタンの歴史の中にも見られます。

独自の歩みを始めたケルト・キリスト教が、オーガスティンがブリタニアに行く前からすでに存在したのです。後に、そのケルト・キリスト教とローマのベネディクト型のキリスト教が、イースターの日取りの決め方など、さまざまな事柄で衝突し、六六四年の「ホイットビーの宗教会議」などを通して、最終的にはローマ型が勝ち残っていくのですが、このケルトのキリスト教、ケルトのスピリチュアリティが私たち聖公会の一つの重要なルーツとなっていることは間違いないのです。

このことは私たちが再確認しておきたい点です。ベネディクトのキリスト教は非常に合理的、組織的です。会則がしっかりあります。ベネディクトも修道院ですしケルトも修道院ですが、ケルトのほうは、非言語的なもの、感性的なものをとても大事にしました。火や水、大地、風、いのちといった要素を大切にしました。ケルトの文化はそういう意味ではアイヌの人々のスピリチュアリティとよく似ています。最近流行った『千の風になって』といった歌も、実にケルティックなモティーフを持っています。

そのケルト・キリスト教には二つのキーワードがあると言われます。その一つがharmony、調和であり、もう一つはeternity、永遠です。調和性、永遠性をとても重要に位置づけます。子どもたちが大好きな「ハリー・ポッター」の世界はまさしくケルティックな雰囲気です。またケルトには、「闇から光へ」というイメージがあります。「絶望から希望へ」という明確な考え方があります。そのようなケルトの豊かさも私たち聖公会のルーツなのです。

ケルト・キリスト教を表示す

The Book of Kells: the opening word of St Luke's Gospel. *Photo © reproduced by kind permission of Trinity College, Dublin*

『ケルズの書』中表紙

るシンボルは主に二つあると言えます。一つは「ケルト文様」です。『リンディスファーンの福音書』や『ケルズの書』といった、すばらしいケルト文様で彩られた有名な福音書群があります。立教大学も、先日、『リンディスファーンの福音書』のレプリカを図書館に入れました。レプリカでも非常に高価ですが、実に感動的なケルト文様が描かれています。

ケルト十字

もう一つのシンボルは「ケルト十字」です。ケルティック・クロスとも言われます。普通、十字架と言われるものはローマ十字といいます。縦横のクロス、これをローマ十字といいますが、そのローマ十字の交点に二重環を被せたもの、これをケルト十字と言います。この二重環には意味があり、外側の輪は宇宙を意味し、内側の輪は太陽を意味していると言われています。ストーンヘンジやドルメンなどの巨石文化に代表される太陽などを中心に位置づけるケルト宗教の痕跡がここにあります。また、外側の輪は

harmony、調和を意味し、内側の輪は eternity、永遠を意味しているとも言われます。いずれにしても、この二重環が付いた十字架をケルト十字と言い、これがケルト・キリスト教のＤＮＡ、アイデンティティともなっているのです。

私たち聖公会は、ルーツとしてこのような歴史を持っています。ケルトの伝統とベネディクトの伝統の両方を持っているのです。したがって聖公会は、このケルトの伝統が大変好きです。さまざまな聖公会関係の場所で、このケルト十字を目にされる方も多いのではないかと思います。

過日、香蘭女学校で、香蘭のシンボルである聖ヒルダの話をさせていただきました。ヒルダという人は、まさに、ケルトのキリスト教とベネディクトのキリスト教を結び付ける重要な役割を果たしました。香蘭女学校にも素敵なケルト十字が講堂に掲げられていました。多くの聖公会の施設でこのケルト十字を発見できると思います。みなさんの学校にもあるのではないでしょうか。ぜひ探してみてください。

二〇〇一年一〇月のことですが、立教大学の正門の工事中に正門近くの地中から高さ二メートル、約一トンの花こう岩の十字架が見つかりました。新聞記事の写真をよく見ていただくと、二重環が付いている立派なケルト十字であることが分かります。このケルト十字は、今、新座キャンパスのチャペルの横側に安置されていますが、もともと池袋

〔27〕【東京】 2001年(平成13年)10月11日(木曜日) 東京新聞

東京 あなたのニュースを東京新聞へ

社会部東京版

電話 3471-2211
内線 3217~8
FAX 3472-8147

購読のお申し込み

フリーダイヤル 0120-026-999

朝・夕刊 1ヵ月 3250円(税込)

広告のご用命

電話 3591-0121

なぞの十字架"発掘"

立教大池袋キャンパス

敷地内地中から

いつ、なぜ埋められた

豊島区西池袋三の立教大池袋キャンパスで敷地内の地中から、大型の十字架が先月見つかっていたことが十日、分かった。大正期に、キャンパス内のチャペルの屋根にあったことが確認されているが、いつ、何のために埋められていたのかなど、まったく分からないという。さらに、同型の十字架が、同区の雑司ケ谷霊園内にあることも分かり、なぞは深まる一方だ。

敷地内の地中から見つかった大型の十字架＝立教大で

見つかった十字架は、台座を含め高さ百八十八センチ、横幅七十五センチ、奥行き十七センチの石造り(花こう岩)で、重さは推定七百六十五—九百七キロ。後方に円形の光輪があしらわれた「ケルト十字架」と呼ばれるものだった。九月十日、外周の塀を撤去する工事をしていた際に、正門わきの地下一メートルから、発見された。

昔の写真などを基に調査を進めた結果、一九一八(大正七)年に同校舎が建てられた当時、チャペルの屋根の両端に同じ十字架が飾られていたことが判明し、見つかったのはこのうちの一基とみられている。また、一九二三年の関東大震災後に撮影された写真には、一基しか写っておらず、その後に関しては、二つの十字架の行方を示す資料は見つかっていない。

さらに、かつての教員の話で、雑司ケ谷霊園にある元立教中校長(故人)の墓地に同じ十字架があることも判明。大震災で一基が落下し、もう一基を元校長が引き取ったという説が有力だが、落下したと推定される場所と発見された場所は数十メートル離れている。大切な十字架を土に埋めた理由や元校長が引き取った経緯などは不明のままだ。同大は今後、古い資料やかつての在校生などの話を聞いて真相究明に当たる。

立教大学池袋キャンパスから見つかった
十字架についての「東京新聞」の記事

のチャペル屋根の両端にあったものが、関東大震災で落ち、埋められたとか、さまざまな説があります。関東大震災が絡んで落ちたか、あるいは下ろしたということは間違いないと思います。ケルト十字がこのように発掘されたというのには私もとても驚いたのですが、これ以外に立教のキャンパスにもたくさんケルト十字があります。このようなことからも分かりますように、私たち聖公会はケルト的なものとローマ的なものの両方を大事にしているということです。その豊かさを私たちはいただいているのです。

聖歌もそうです。みなさんも新しい日本聖公会の聖歌集をお持ちかと思いますが、そこにもケルト音楽、ケルト聖歌が入れられています。例えば聖歌四七三番などがそ

『日本聖公会聖歌集』473 番

Harmony © Oxford University Press

8888 (LM)

1　聖霊 降りて　　主の つくりましし
　 心に恵みを　　あふれしめたまえ

2　慰め主なる　　生ける聖霊よ
　 われらに伴い　今 語りたまえ

3　み神の約せる　七の賜物と
　 まことの言葉を　今 与えたまえ

4　心の暗きを　　照らし導きて
　 悩めるわれらを　今 強めたまえ

5　われらを導く　平和の み神よ
　 悪より守りて　進ましめたまえ

6　父 み子 聖霊　三つのくらいなる
　 み神の栄えを　とこしえに歌わん　アーメン

使19：6　1コリ2：13　ヨハ16：13　黙3：1

Veni Creator Spiritus
Latin, 9c.

VENI CREATOR
Melody from *Vesperale Romanum*, Mechlin
Plainsong, Mode 8

『日本聖公会聖歌集』298 番

うです。ベネディクトのグレゴリオ聖歌も入っています。聖歌二九八番などがそうです。この聖歌集自体が、私たち聖公会が大切にしてきた二つのルーツ、ケルトとベネディクトというルーツを見事に表しているものだと言えるのです。

分散された権威としての「聖書・伝統・理性」

聖公会の神学的特徴は、「聖書・伝統・理性」であると言われます。リチャード・フッカーという神学者が定義づけたものです。フッカーは、多様な聖公会の流れのすべての神学的源流として位置づけられますが、聖公会神学（アングリカニズム）の特徴とは、権威の源泉として、もちろん「聖書」は最も重要ですが、聖書以外に「伝統」と「理性」を置いたというところにあります。これを、「分散された権威」と言いますが、カトリックや他のプロテスタントにはない特徴です。

フッカーは tradition としての「伝統」と、traditionalism としての「伝統主義」を明確に区別しています。フッカーは、tradition、「伝統」を lifeline と例えます。lifeline、すなわち「生命線」です。イエス・キリストのミニストリー、イエス・キリストが言われた

リチャード・フッカー

ことやなさったこと、つまりはイエス・キリストの福音が心臓だとして、そこから動脈のようにして時代を超えて血液が流れてくる。それがlifelineとしての「伝統」であり、私たちの世代もそれを後に受け継いでいく。動脈のような生命線が「伝統」です。私たちを生かしていくもの、私たちに命を与えているものがフッカーが言うところの「伝統」なのです。

一方で、フッカーはtraditionalism、「伝統主義」を否定します。「伝統主義」とは、フッカーによれば、dead hand、死せる手枷足枷、過去の束縛ということになります。かつて決めたことは絶対に変えてはいけない。不変不動なものであり、守らなければいけないというものは単なる手枷足枷でしかない。それは「伝統主義」だと言うのです。そのようなものは否定されるべきものであると、フッカーは明言します。

このような伝統理解を聖公会は持っています。聖公会の教理を規定する『三十九箇条』（一五六三年）にもこの伝統理解が明示されています。『三十九箇条』第三十四条は実に重要です。

『三十九箇条』第三十四条「教会の伝統について」
伝統や儀式はどこにおいても同一であったり、あるいはほとんど似通ったものであったりする必要はない。なぜなら、これまでも伝統は常に多様であったし、国、時代、人々の慣習の相違にしたがって変化することもあるからである。（後略）

聖公会の伝統理解とは、昔決めたことをマニュアルのごとくただ守りますというものではありません。そうではなく、まさにlifelineを守っていくということです。lifelineとしてイエス・キリストからつながるミニストリーを受け継いでいく。それを私たち聖公会は「伝統」と言います。そのためには、イエス・キリストのミニストリー、働きを解釈し、自らの肉としていくことが求められます。その時々、その時代の状況、いわゆる「コンテキスト」（文脈）の中で解釈し続けるのです。

イエス・キリストのミニストリーや聖書の福音などを、解釈し続ける共同体が聖公会

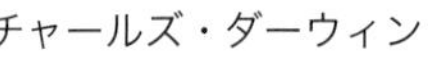

チャールズ・ダーウィン

アイザック・ニュートン

だという定義、教会論を聖公会は持っており、これは一九九八年の「ランベス会議」（全世界の主教が十年に一度集まる世界聖公会会議）でも繰り返し確認されていることです。聖公会とは「解釈し続ける共同体」だということです。

もう一つの要素としてあるのが「理性」です。理性はドイツ語ではVernunftと言いますが、それと英語の「理性」である**reason**とはニュアンスが少し違います。ドイツ語の場合のVernunftの「理性」のほうは、個人の合理的な考え方といったニュアンスが強いのに対し、フッカーなどが強調している**reason**としての「理性」はそうではなく、むしろ共同体の経験、共同体が経験する事柄といった意味合いが非常に明確に表れています。

これら「聖書」「伝統」「理性」に加えて、さらに最近の神学者、アリスター・マクグラスなどのように四つ目の権威の源泉として「経験」を浮き出させる場合もありますが、このように分散された権威を聖公会は大切にするのです。英国で、王立協会などに代表されるような形で自然科学が発展した理由には、まさに、こういう「理性」理解を大切にした聖公会のバックグラウンドがあったことは間違いありません。

ウェストミンスター・アビー

アイザック・ニュートンやロバート・ボイル、チャールズ・ダーウィンらは、皆もともと聖公会です。ダーウィンなども、ケンブリッジの神学生でした。ニュートンの墓も、ダーウィンの墓もロンドンにある聖公会のウェストミンスター・アビー（寺院）の中にあるのです。そのような科学の発展を支えたのも「聖書・伝統・理性」という聖公会の権威理解が英国にあったからだと言えます。このような話も、みなさんの学校の理科の授業で取り上げてほしいと思うのです。ニュートンやボイルを必ずご紹介なさると思いますが、その際に聖公会との関わり、聖公会の理解もご紹介していただけたらと思います。これはある意味、聖公会関係学校にのみ許される特権であると言えるのではないでしょうか。

あらゆる絶対主義を否定する聖公会のヴィア・メディア

「ヴィア・メディア」という言葉があります。VIA MEDIAと書きますが、まさに聖公会のキャッチフレーズのような言葉です。これはラテン語ですが、フッカーが使いはじめ、また後のオックスフォード運動を導いた一九世紀の偉大な神学者、ジョン・ヘンリー・ニューマンなどが肉づけをしました。聖公会が大切にしている神学的なキーワードです。

ラテン語で"VIA"というのは道です。"MEDIA"というのはメディアヌスからきていますが、真ん中という意味です。直訳すると「中道」となります。「聖公会は中道ですね」とよく言われます。他のプロテスタントの先生から「聖公会は中途半端ですね」とか「どっち付かずですよね」などと揶揄されて、「まあ、そうですね」と引き下がらざるを得ないところもあるのですが、実際はそのような意味ではありません。フッカーが使ったヴィア・メディアの本来的な意味とは、「私たちは真理を求める旅人だ」ということです。私たちは真理を求めて歩み続ける旅人であって、そのための道標が聖書や伝統や理性なのだということです。私たちは、聖書や伝統や理性を道標にしながら真理を求めて旅をし続ける

ジョン・ヘンリー・ニューマン

旅人、不断に歩み続ける旅人だというのがこのヴィア・メディアの意味です。道の真ん中を、真理を求めて歩み続ける旅人、これが聖公会の教会理解なのです。

フッカーの時代、一六世紀は、聖公会はカトリックとプロテスタントとの狭間にありました。カトリックの伝統絶対主義、教皇絶対主義の立場を聖公会はとらない。ピューリタンの極端な「聖書のみ」、聖書絶対主義もとらない。そのようなあらゆる絶対主義をとらないのが聖公会です。道の片側に立ち止まり、「私たちは真理を知っています」とは言わないのです。「ファイナルアンサーが見えました」とは断言しないのです。

みなさんは「聖公会は答えをはっきり言わない」だとか、「聖公会は何だか分からないな」などと言われた経験をお持ちだと思います。確かに、極端に言えば、聖公会とはファイナルアンサーを出さない教会です。

もちろん、ファイナルアンサーがないわけではありません。しかし、ファイナルアンサーはただ神のみが知っておられるというのが聖公会の立場です。常に真理を求めて旅をし続ける、解釈し続けるのですから、簡単に「答えはこれです」とは言わないのです。聖書・伝統・理性という道標を頼りにしながら、解釈し続ける、歩みを続ける、真理を求めて旅をし続けることを聖公会は大切にしてきたのです。これこそが聖公会の「ヴィア・メディアの精神」であると私は考えています。

聖公会の主教職の本来的意味

主教さんは、みなさんの学校でもおなじみでしょう。学校では、理事長や理事、院長、チャプレン長などの形で主教の存在がおありかと思います。しかし、各学校の主教の存在とはそのような役目だけではありません。主教職の意味、神学的な意味こそが、実は、みなさんの学校がその本来の使命を担うために重要だと私は考えています。聖公会の学校であるからこそ、なおさらです。ここでは、近年、聖公会神学において再認識されている主教職理解について簡単にご紹介しましょう。

第一に、「教える者としての主教職」という理解があります。主教職はティーチング・ミニストリー、教える職務であると言われています。先述しました主教座聖堂、大聖堂ですが、原語では「カテドラル」(cathedral)と言います。主教座は、ラテン語では「カテドラ」(cathedra)と言いますが、そのカテドラを覆うのがカテドラル、大聖堂です。カテドラは文字どおり、主教の椅子ですが、その語源は「教えること」です。ラテン語で catechizo と言いますが、主教職とはすなわち「教える者」であるのです。教師はもちろん「教える者」ですが、主教座も教師も語源的には同一です。

「主教様」と言うと何となく偉い方といった意味合いだけで捉えがちですが、本来は、大学の講座の「座」とニュアンス的には限りなく近いのです。私たちの学校のルーツとは、実は、この大聖堂、カテドラルにあることを思い起こしたいと思います。学校の働き、使命というのは言うまでもなく教える働きです。ティーチング・ミニストリーです。しかし、それは元を辿れば主教座にあるということです。その点を、ぜひ、理解していただきたいのです。

第二に、主教職には、「先導者」としての要素、預言者的使命が含まれます。初代の教会の主教たちが、困難な時代にあって教会の進むべき道筋を示したように、現代の主教職も、まさに先導職として、教会のみならず世界・社会の方向性、ヴィジョンを提示しなければならないと言われています。私たちの学校も、主教座につながる働きとして、未来へのヴィジョンを子どもたちに指し示すことが求められているのです。このことを聖公会関係学校はことに大切にしたいと思います。

主教職は「ティーチング・ミニストリー」だと言いましたが、それはすなわち、「リスニング・ミニストリー」でもあるということです。教えるためには十分に聴くことのできる者でなければならない。これが主教職の重要な働きとして再確認されています。主教ですから、信徒・聖職の話に耳を傾けることはもちろんですが、それだけではなく、地域や社会の声、民衆の声や動きに傾聴すること、リスニングすることなくして教える職務は担えないのです。

私たち教員も「ティーチング・ミニスター」であると同時に、「リスニング・ミニスター」でなければならない。確かに、イエスも教える者であったと同時に、抜群のリスナーでありました。私たちがいかに子どもたちの声や物語に耳を傾けることができるのかが問われているのです。

第三に、主教職にとって不可欠な働きとして、「一致の焦点」があります。これも古代教会の理解の回復ですが、そもそも主教職とは、地方の教会・教区と世界の教会を切り結ぶ一致の焦点であるということです。「一致」というときに、自教区の中の一致だけを考えるのではありません。世界大の「一致」が含まれます。グローバルな、普遍的な教会のつながりと、地域の教会とを結び付ける一致の焦点が主教職です。ローカルな視点とグローバルな視点をダイナミックにつなげていく働きです。そのためには、主教職は、地域の現場における個々の現実的課題に深くコミットすることと同時に、世界的な、グローバルな流れや動きをつかみ取り、その意味を汲み上げていくことが求められます。

さらには、「時間的な一致の焦点」としての主教職理解があります。主教職は、過去の教会と現在の教会、そしてまた未来の教会をつなぎます。過去・現在・未来という時間を結んでいく「一致の焦点」としても主教職はあるのです。この時間と空間を超えた一致の焦点としての主教職を表示するシンボルが、まさに「カテドラ」、主教座なのです。例えば、カンタベリー大聖堂に行かれて、大聖堂の内陣奥にある「オーガスティンの椅子」（三二頁参照）を見られたときに、その椅子とは単なる椅子ではなく、そこに主教座としての「意味」を見出していただきたいのです。そこには世界の教会をつないでいくグローバルな「共時的」な意味と、古代・現在・未来と、時間を超えた「通時的」な意味があるのだ、ということです。それが“See of Canterbury”であり、それとみなさんがつながっているのだという、その特別な意味を理解していただければと思います。私たちの聖公会関係学校も、この主教職の特別な働きを、いわばＤＮＡとして持っているのです。

もちろん、カンタベリー大聖堂のみならず、聖公会のすべての教区大聖堂（主教座聖堂）には、「カテドラ」が置かれていますので、一度、近くにある主教座聖堂を訪れて確かめてみてください。

世界の聖公会──アングリカン・コミュニオン

世界の聖公会を「アングリカン・コミュニオン」（Anglican Communion）といいます。Communion というのは有機体的な交わりという意味です。巻末資料にありますように、現在、世界約一六五か国に広がっています。日本聖公会は一つの管区ですが、世界の聖公会には三八の管区があり、信徒数は合計で約八、五〇〇万人です。これは非常に大きな数字です。ロシア正教会やギリシア正教会など、さまざまな正教会を合わせれば諸正教会のほうが大きいですが、プロテスタントの中では最も大きな教派です。ローマ・カトリック教会は約十三億人ということで桁が違いますが、それに次いで大きな教派なのです。聖公会の次はルーテル教会、改革派になります。

また、国連の正式なオブザーバーでもあり、投票権を持っているNGOとして認定されています。そのように、私たちのアングリカン・コミュニオンは世界に広がっているのです。「世界聖公会大学連合」(Colleges and Universities of Anglican Communion: CUAC)という協議体があり、日本にある九つの聖公会系大学をはじめ、世界の約一四〇大学が加盟しています。オックスフォード大学やケンブリッジ大学も、もちろん元々は聖公会の大学でした。一九世紀までは、英国教会の信仰箇条であった『三十九箇条』に署名しなければ、両大学の教授になれなかったのです。

日本聖公会は、このような世界に広がるアングリカン・コミュニオンの一枝であり、聖公会につながる私たちの学校も、日本という国の中だけで完結するのではない、ということです。私たちの学校は、このグローバルなつながりの中にあるのです。さらに、先述したような、五九七年以来の初代カンタベリー大主教、オーガスティンから現在に至るまでの一四〇〇年以上の歴史のつながりの中に私たちはあるのです。おそらく、みなさんの学校も校史を語るときに、学校創立年からしかカウントしないのではないでしょうか。立教の場合、ウィリアムズ主教が立教学校を築地に創設した一八七四年から数えますが、もっと歴史を遡ってほしいのです。ぜひとも、五九七年まで遡っていただきたい。一四〇〇年以上の歴史のつながりの中に私たちはある。私たちの聖公会関係学校は、この時間と空間を超えた結び目の中に存在している。これは他の日本の諸学校が逆立ちしても持ち得ない貴重なアドヴァンテージです。

私たちは、子どもたちに、「あなたたちもこの時間と空間を超えたつながりの中に学んでいるのだ」ということを、ぜひ伝えたいのです。

聖公会の「公共性」理解と「パリッシュ」制度

もう一つ重要な聖公会の特徴をご紹介したいと思います。それは、私たちの聖公会という教会は、いわゆる「公共性」を大切にする教会だ、ということです。

私たち日本の文脈で用いられる「公共」という言葉は、ともすると悪しき共同体主義や全体主義的志向と重なりがちです。大政翼賛や国家総動員という戦前型「滅私奉公」がもはや消え失せたかと言えば、昨今の日本の政治、社会状況を見渡せば決してそうではないことは明らかです。「公共性」という概念は、通常、「国家、行政に関わる公的な事柄一般」と理解されており、国家や行政などが法や政策を通じて国民や住民に対して行う活動を意味するものとして認識されることが多いものです。この場合の「公共性」は、権力、義務、強制といった「上からの」ベクトルを持ちます。つまり、私たちは日常的には「公」と「公共」の区別を厳密には行ってはいない、ということになります。

しかしながら、私たちがここで共有したい「公共性」とは、「公」でもなく「私」でもない「公共性」です。この「公共性」とは、「官」「お上」ではありません。単純な「公私二元論」ではなく、個人の存在や尊厳を大切にしながら他者との繋がりを切り開き、国家の枠組みに組み込まれることなく、社会、共同体に対しても責任応答的に関わる態度こそが、聖公会が大切にしてきた「公共性」の内容です。

先述した通り、現在では世界に広がった聖公会の源流はもちろん一六世紀英国宗教改革期の英国教会に遡ります。したがって、全世界の聖公会は、それぞれの地域のコンテキスト（文脈）において、独自的な神学的、宣教論的理解を形成してきた一方で、その土壌には共通する質が明確に見られるのです。聖公会の神学は多様です。カトリック的ないわゆる「ハイチャーチ」、プロテスタント的な「ローチャーチ」、自由主義的な「リベラル」あるいは「ブロードチャーチ」と呼ばれる実に多様な考え方を、聖公会は内包してきました。しかしながら、いずれの流れにも共通する重要な伝統の一つが、この「公共性」理解であると言えるのです。

英国教会は、成立以来「国教会」でした。この英国における教会と社会、国家との特別な関係が、聖公会の教会と社会の関係理解に与えた影響は大きいものがあります。英国教会は「国民教会」なのか「国家教会」なのかという論争がいつの時代にも存在しました。確かに聖公会は、常に国家と教会の関係を不可避的に意識せざるを得ない共同体であるとも言えます。そもそも英国教会は「英国」という国家が成立する以前から存在していたのですし、実際、「英国」という国家形成において英国教会は中心的役割を担ったのです。「主教」は常に為政者に対するチーフ・アドヴァイザーでしたし、議席数は減りましたが、現在でも議会における上院のシニア・メンバーに加えられています。

教会は常に国民全体に対して責任を持つ、というのが基本的スタンスであると同時に、時に国家政策と教会政策の間には大きな緊張関係をはらむものとなりました。一方、北米等の地域では、当然ながら聖公会管区成立の際に、国家と教会の分離が前提とされましたが、教会と社会の関係理解は、英国教会以来の伝統を保持してきたのです。

このような原則が実際に地域において展開される基盤として「パリッシュ」(教会区)制度があります。パリッシュ制度は、国教会というシステムの中で発展した形態であり、支配的統治機能を有したがために歴史的に批判されることも多いものです。実際には、英国教会以外の諸聖公会もパリッシュ制度を基本的に採用していますが、国教会ではない教会がパリッシュ制度を持つ意味があるのか、という問いは常にあります。しかし、近年このパリッシュ理解をある意味で逆手に取って再解釈しようとする動きが生まれているのです。

国教会としての英国教会は数世紀前までは、英国教会の信徒＝英国国民という前提条件が成立していました。すなわち、教会の "pastoral care"（牧会的配慮）とは、パリッシュに住む信徒への配慮なのですが、それは同時にパリッシュの全地域住民に対する配慮を意味していました。地域社会における課題に対して責任を持つことが、教会の牧会的配慮の内容に必然的に含まれているのです。

例えば、私は、中部教区の岡谷聖バルナバ教会を管理していますが、岡谷聖バルナバ教会のパリッシュは、諏訪湖周辺を中心に北は蓼科から南は伊那、駒ヶ根までを含みます。岡谷の教会の牧会とは、これら地域に点在する信徒に対する配慮だけを意味するのではなく、諏訪、伊那地域における社会的諸課題に積極的に教会としてコミットしていくことが求められるものなのです。過疎化、滞日外国人労働者の人権、等々、「牧会的」課題は少なくありません。

ですから、聖公会の宣教師たちはどこにおいても、教会の「牧会的責任」として、教会のみならず、学校や病院を建てていったのです。これこそが、いわばみなさんの聖公会関係学校の「建学の精神」であるとも言えるのです。もちろん他のプロテスタント教会なども日本で学校を建てましたが、それが基本的には、信徒を増やすための伝道の「ツール」であったのに対し、聖公会の宣教師たちの目的はあくまでも教会の責任として、その地域社会のために当然のごとくに学校を作ったのです。

この英国教会の伝統的な牧会理解を、国教会体制のない国の聖公会においても、むしろ大切にできるのではないか、というものです。

デズモンド・ツツ大主教

これまで述べてきました、マイノリティへの視座、バチェラーのアイヌ伝道、コーリー司祭の岡谷伝道、またノーベル平和賞を受賞したデズモンド・ツツ大主教の反アパルトヘイトの働き等々、これらすべてが、実は聖公会が大切にしてきた公共性の表現だと言えるのです。

聖公会の“Critical Solidarity”(批判的連帯)の伝統

教会と社会の関係について聖公会における基本原則をごく簡単にまとめますと、“critical solidarity”(批判的連帯)という言葉に要約されます。“solidarity”として、社会が必要とする事柄に対して教会は共感し、実際的な責任を持つ、ということが表現され、“critical”において、教会は常に国家や権力とは距離を保ち、必要に応じて批判を加えていく「見張り」としての責任を担うことが意味されます。国家社会福祉の確立以前から社会奉仕、社会福祉という「公共的責任」は英国教会が担っていました。それは“solidarity”としての聖職のつとめでもありました。

また、一二世紀のカンタベリー大主教トマス・ベケットから、二一世紀に至るまで、国家、政治の誤った方向性に対して明確な否を示す“critical”な役割も大切な伝統でした。フォークランド紛争時、当時のサッチャー首相に、ロバート・ランシー、カンタベリー大主教は抗議し、また近年のイラク戦争英国参戦に際し、新カンタベリー大主教に被選されていた、ローワン・ウィリアムズは、ブレア首相に対して正義のない戦争に加担し

ジョン・センタム
ヨーク大主教

The official website of the Archbishop of York

ないよう首相官邸を訪れています。史上初めてアフリカ出身聖職者としてヨーク大主教となったジョン・センタムは、ヨーク大聖堂の中にテントを張って、イラク戦争中止を訴えてハンストをしました。

これらはまさに聖公会の“critical”な伝統の発露でした。

これら聖公会が大切にしてきた「公共性」や“critical solidarity”という視点もまた、私たち聖公会関係学校が共通に持つべきものであると言えるでしょう。例えば、立教大学が設置する福祉学部は単なる福祉学部ではなく、「コミュニティ福祉学部」でなければならないし、また、立教が設置する経営学部はおのずと他の大学の経営学部とは質が異なるものとならなければならないのです。

おわりに

最後に、今一度、聖公会が大切にしてきたものから、私たち聖公会関係学校の使命をまとめてみたいと思います。五九七年から現在、今ここに至るまで、歴史・時間という「通時的」なつながりの中で、みなさんの、聖公会関係学校は存在しているということ、そして世界中に広がるグローバルなネットワーク、すなわち「共時的」なつながりの中で私たちは存在しているということです。さらに、最初に申し上げたように、周縁に置かれたもの、小さくされたものへのまなざしという、聖公会が大切にしてきたものを、私たちは教育の本質的なミッションとしていかなければならないということだと思います。これらのことを私たちは私たちの子どもたちにしっかりと伝えたいし、私たちの児童や生徒、学生たちが、自分たちが聖公会につながる学校で学んでいることに誇りを持ってほしいと思うのです。

二〇〇七年の三月に、南アフリカのヨハネスブルグで、世界聖公会、アングリカン・

コミュニオンの宣教会議が開催されました。私たちの世界聖公会は、ご存知のように、現在、性をめぐるさまざまな倫理的問題をめぐって深刻な分裂の危機にあります。しかし、この会議で、世界聖公会は、世界各地の紛争や貧困、暴力や環境問題などを解決するために、内部的な分裂をしている場合ではないことに、あらためて気づかされました。この会議で、説教をしたカンタベリー大主教、ローワン・ウィリアムズはこう語りました。

「聖歌隊の指揮者にとって最も重要な任務は、大声を出して歌う人や、音を外している人に注意を与えることではない。その任務とは、声の出ていない人、聴き取れないほどの小さな声の人の存在を、敏感に感じ取れることだ。そして、『あなたの声が聴こえなければ、この聖歌隊は無いほうが良いのだ』と語りかけることなのだ」。

この世界、この社会の片隅で、さまざまな困難や悲しみ、孤独の中で、声を出すことができないでいる者、かすかな声で癒しと救いを求めている人々の存在を、聴き取ることができる人間を育ててあげること。これこそが、私たち聖公会関係学校の使命、ミッションなのであり、それは、また未来の世代に対する私たちのミッションに他なりません。

そのためには、私たち教員、職員の一人ひとりが、声を出すことができないでいる子どもたち、かすかな声で癒しと救いを求めている人々の存在を、聴き取ることができる者とならなければならないのであろうと思うのであります。

二〇〇八年八月に英国カンタベリーで行われましたランベス会議に、私もスタッフとして参加することができました。ランベス会議では、三週間、毎朝、世界の主教たちが、一グループ、八人程度の小グループに分けられて、聖書研究が持たれました。私も通訳としてある聖書研究グループに加えられたのですが、その聖書研究は私にとりましても忘れがたいものとなりました。聖書研究グループのファシリテーターを務められたのは、タンザニアの主教でしたが、彼は、教区の聖職たちに、右手に自転車、左手に聖書を持たせて、教区の隅々に派遣するというのです。そしてこれまでに、百個所以上のミッションステーションができたといいます。スーダンの主教は、紛争の中での言語を絶する悲しみの物語を語られました。彼の弟さんがその紛争の中で命を落とされた。その絶望を、ゆっくりと噛み締めながら語られました。しかしながら、そのような絶望にあって、教会がいかに「希望」を語ってきたかについて分かち合ってくれました。米国聖公会の女性の主教は、ご自身がアルコール依存症に苦しまれ、そしてそれを克服されてきたこと、そして、教会は、そのように苦しみ、悩む者を励ます共同体でなければならないことを、目に涙を溢れさせながら語られました。私たちは、それらの言葉一つひとつに「アーメン」と応えたのでした。

これが、私たちの「アングリカン・コミュニオン」、「聖公会の交わり」です。聖公会は、主の十字架と復活を証しし続ける共同体です。神の正義、平和、そして、いのちを証しし続ける者の群れです。古代教会からの使徒的（apostolic）な時間を超えた繋がりと、世界に広がる普遍的（catholic）な空間を超えた繋がりの中に、実は、私たちの聖公会につらなる一つひとつの学校、一人ひとりの児童・生徒・学生、そして教員、職員も結ばれ、生かされていることに、大いなる感謝を主にささげたいのです。

旧版あとがき

冒頭にも記した通り、本書は、二〇〇九年夏に、横浜で行われた聖公会関係学校教職員研修会での主題講演がもとになっている。幸いにも関心を持って聴いてくださった方が多かったようで、このような形で出版されるに至った。出版化に向けてご尽力くださった、聖公会出版の唐澤秩子社長、聖公会関係学校協議会会長の中村豊主教、主題講演の出版をご了承くださった研修会主管校の立教新座中学校・高等学校、校正にご協力いただいた岡谷聖バルナバ教会の信徒の皆さん、ことに河西恵子さんには、とりわけ感謝の意を表したい。また、つれあいである西原美香子の存在がなければ、本書が生まれることはなかった。

私は、この間、「世界聖公会エキュメニカル関係常置委員会」（ＩＡＳＣＥＲ）や「聖公会―ルーテル国際委員会」（ＡＬＩＣ）など、アングリカン・コミュニオンの委員会に加わる機会を与えられている。そのような場を通して、世界の聖公会が本当に身近になった。聖公会という教会は、博物館に収蔵された遺物ではなく、〈いま・ここ〉で、脈打ち、生きている共同体であることを何度も実感させられた。現在の世界の聖公会にはさまざまな破れがあり、そのことを否定する者は誰一人としていない。しかし、その破れを痛みとしながらも、「神を愛し、互いを愛し合いなさい」という教えに徹底的に従っていこうとする苦闘が、私たちのアングリカン・コミュニオンにはあることを、肌身で知った。

これらの委員会のスタッフは、アングリカン・コミュニオン事務所（ACO）主事のテリー・ロビンソン司祭だった。英国教会の女性の司祭である。彼女に与えられた賜物は底知れない。会議の中では女性聖職に反対している主教委員の容赦のない発言も飛び出すことがある。しかしそんな時も、彼女は正確無比に議事録をとり続ける。彼女はまた、どれほど自分が疲れていても、他者への優しさを忘れることはない。ある時、彼女に、連日深夜まで働いてくれていることへの感謝を伝えたところ、こんな言葉が返ってきた。

「私は、このコミュニオンを愛しているから」。

彼女のこんな思いこそが、実は私たちのアングリカン・コミュニオンを支えているのである。

一方で、私は、本文中にも紹介したように、中部教区、岡谷聖バルナバ教会の管理牧師もさせていただいている。現在、東京在住であるため、岡谷までは車で通常約四時間、日曜午後の中央自動車道は、高速土日千円という政策もあいまって渋滞が激しく、時には七、八時間かけて帰宅することも少なくない。それでも、私は、この小さな交わりに生かされている。派手なところは一つもないが、何か旅人の疲れが癒される井戸のような教会である。「幸いなるかな、貧しき者」。この教会には豊かな恵みがある。

世界のアングリカン・コミュニオン、そして岡谷という地方の教会での交わり。この二つは、私にとって決して切り離されないものである。グローバルなものと、ローカルなものがダイナミックに切り結ばれる。そしてこれら二つを結び合わせているのが、大学や神学校で営む「アングリカニズム」という神学なのであろう。

本書は、主に、聖公会関係学校の教職員を意識して書かれているが、聖公会という教会につらなるすべての方々に、お読みいただくことができるならば、これ以上の喜びはない。

二〇一〇年　復活日

司祭　アシジのフランシス　西原廉太

新版あとがき

本書『聖公会が大切にしてきたもの』は、二〇一〇年に初版が、聖公会出版から出されて以来、第四版まで版を重ねることができた。当初、聖公会関係学校、施設の職員を対象として想定していたところ、聖公会の一般の信徒さんたちなどにも多くの読者を得ることができたのである。洗礼・堅信のお祝いにと、まとめてご購入いただいた主教さんもおられる。もう残部がほとんど無くなっていたが、そんな中、聖公会出版の解散という事態に直面し、本書をお求めの方々にも応えることができなくなってしまっていた。

そこで、教文館の渡部満社長にご相談申し上げたところ、第五版にあたる新版を、教文館から発行することをご快諾くださり、ここに、本書新版をお届けすることができたのである。渡部社長、また教文館でご担当くださった髙橋真人さんはじめ、関係各位には心よりの感謝を申し上げたい。

この度、聖公会出版ではなく、教文館から再版されたことを契機として、聖公会の読者のみならず、「聖公会」や「英国教会」に関心を持たれるすべての方々に、本書を手に取っていただければと願うものである。

二〇一六年　諸聖徒日

司祭　アシジのフランシス　西原廉太

巻末資料

1、世界の聖公会（アングリカン・コミュニオン）

アングリカン・コミュニオンの公式管区は41管区（2021年現在）。アングリカン・コミュニオンとフル・コミュニオン関係にある諸教会、濃い部分（▓）は北欧ルーテル諸教会（ポルヴォー・コミュニオン）、斜線部（▨）は復古カトリック教会（ユトレヒト・ユニオン）。

1 アオテアロア・ニュージーランド、ポリネシア聖公会（The Anglican Church in Aotearoa, New Zealand and Polynesia）
2 オーストラリア聖公会（The Anglican Church of Australia）
3 バングラデシュ教会（The Church of Bangladesh）
4 ブラジル聖公会（The Igreja Episcopal Anglicana do Brasil）
5 ブルンディ聖公会（The Anglican Church of Burundi）
6 カナダ聖公会（The Anglican Church of Canada）
7 中央アフリカ聖公会（The Church of the Province of Central Africa）
8 中米地域聖公会（The Iglesia Anglicana de la Region Central America）
9 コンゴ聖公会（The Province de L'Eglise Anglicane Du Congo）
10 イングランド教会（The Church of England）
11 香港聖公会（Hong Kong Sheng Kung Hui）
12 インド洋管区聖公会（The Church of the Province of the Indian Ocean）
13 アイルランド聖公会（The Church of Ireland）
14 日本聖公会（The Nippon Sei Ko Kai）
15 エルサレム・中東聖公会（The Episcopal Church in Jerusalem and the Middle East）
16 ケニヤ聖公会（The Anglican Church of Kenya）
17 大韓聖公会（The Anglican Church of Korea）
18 メラネシア聖公会（The Church of the Province of Melanesia）
19 メキシコ聖公会（The Anglican Church of Mexico）
20 ミャンマー聖公会（The Church of the Province of Myanmar）
21 ナイジェリア聖公会（The Church of Nigeria）
22 北インド教会（The Church of North India）
23 パキスタン教会（The Church of Pakistan）
24 パプア・ニューギニア聖公会（The Anglican Church of Papua New Guinea）
25 フィリピン聖公会（The Episcopal Church in the Philippines）

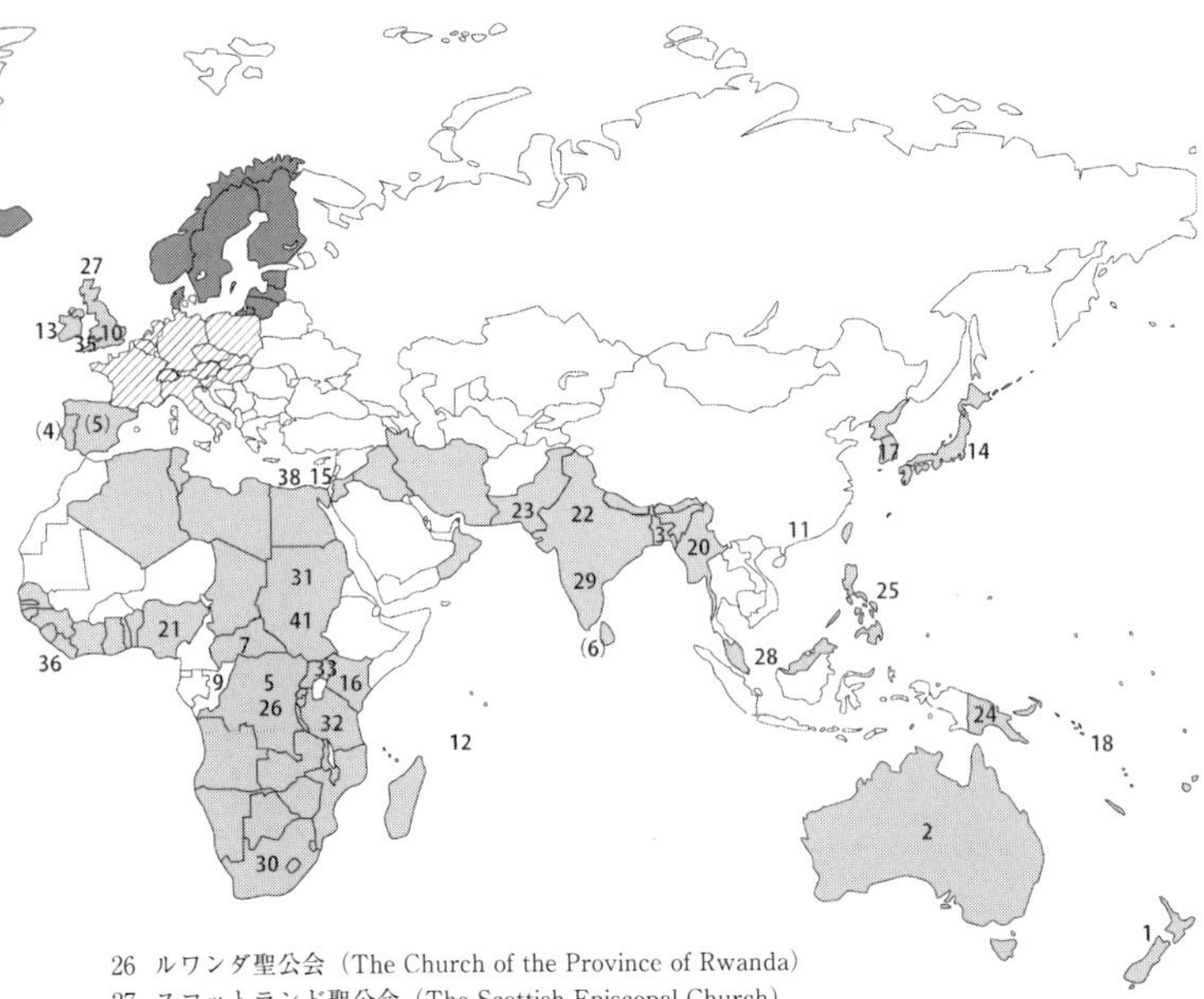

26　ルワンダ聖公会（The Church of the Province of Rwanda）
27　スコットランド聖公会（The Scottish Episcopal Church）
28　東南アジア聖公会（The Church of the Province of South East Asia）
29　南インド教会（The Church of South India）
30　南部アフリカ聖公会（The Anglican Church of Southern Africa）
31　スーダン聖公会（The Episcopal Church of the Sudan）
32　タンザニア聖公会（The Anglican Church of Tanzania）
33　ウガンダ聖公会（The Church of Uganda）
34　アメリカ聖公会（The Episcopal Church of the United States of America）
35　ウェールズ聖公会（The Church in Wales）
36　西アフリカ聖公会（The Church of the Province of West Africa）
37　西インド諸島聖公会（The Church in the Province of the West Indies）
38　アレクサンドリア聖公会管区（The Episcopal/Anglican Province of Alexandria）
39　南米聖公会（The Anglican Church of South America）
40　チリ聖公会（Iglesia Anglicana de Chile）
41　南スーダン聖公会管区（Province of the Episcopal Church of South Sudan）
【以下は管区外諸教会。このうちキューバ聖公会をのぞく５教会はカンタベリー大主教の権威の下に置かれている】
(1) バミューダ聖公会（The Anglican Church of Bermuda）
(2) キューバ聖公会（Iglesia Episcopal de Cuba）
(3) フォークランド諸島（The Parish of the Falkland Islands）
(4) ルシタニア聖公会（The Lusitanian Catholic Apostolic Evangelical Church）
(5) スペイン改革監督教会（The Spanish Reformed Episcopal Church）
(6) セイロン教会（The Church of Ceylon）

（2023年の再版にあたり改訂）

2、歴代カンタベリー大主教名一覧

代	名		在位年
1	オーガスティン	Augustine	597-604
2	ローレンス	Laurentius	604-619
3	メリトゥス	Mellitus	619-624
4	ユストゥス	Justus	624-627
5	ホノリウス	Honorius	627-653
6	デュースデディット	Deusdedit	655-664
7	シオドア	Theodore	668-690
8	ベアクトウォルド	Berchtwald	693-731
9	タトウィン	Tatwine	731-734
10	ノゼルム	Nothelm	735-739
11	カスバート	Cuthberht	741-758
12	ブレゴウィン	Breogwine	759-765
13	ジェーンバート	Jaenberht	766-790
14	エセルハード	AEthelhard	793-805
15	ウルフレッド	Wulfred	805-832
16	フィオロギルド	Feologild	832
17	シオルノース	Ceolnoth	833-870
18	エセルレッド	AEthelred	870-889
19	プレグムンド	Plegmund	890-914
20	アゼルム	Athelm	914-923
21	ウルフヘルム	Wulfhelm	923-942
22	オーダ	Odo	942-959
23	エフシージ	AEfsige	959
24	ベオルフトヘルム	Beorhthelm	959

25	ダンスタン	Dunstan	960-988
26	エセルガー	Ethelgar	988-990
27	シゲリック	Sigeric	990-994
28	エルフリック	AElfric	995-1005
29	エルヒア	AElfeah	1005-1013
30	リフィング	Lyfing	1013-1020
31	エセルノート	AEthelnoth	1020-1038
32	イドシージ	Eadsige	1038-1050
33	ロバート（ジュミエージュの）	Robert of Jumieges	1051-1051
34	スティガンド	Stigand	1052-1070
35	ランフランク	Lanfranc	1070-1089
36	アンセルム	Anselm	1093-1109
37	ラルフ	Ralph d'Escures	1114-1122
38	ウィリアム（コルベイユの）	William of Corbeuil	1123-1136
39	シオボールド	Theobald	1139-1161
40	トマス・ベケット	Thomas Becket	1162-1170
41	リチャード	Richard (of Dover)	1174-1184
42	ボールドウィン	Baldwin	1185-1190
43	ヒューバート・ウォールター	Hubert Walter	1193-1205
44	スティーヴン・ラングトン	Stephen Langton	1207-1228
45	リチャード・グラント	Richard Grant	1229-1231
46	エドマンド（リッチ）	Edmund (Rich)	1234-1240
47	ボニフェイス（サヴォアの）	Boniface of Savoy	1245-1270
48	ロバート・キルウォードビ	Robert Kilwardby	1273-1279
49	ジョン・ペッカム	John Peckham	1279-1292
50	ロバート・ウィンチェルシー	Robert Winchelsey	1294-1313
51	ウォルター・レイノルズ	Walter Reynolds	1313-1327
52	サイモン・メパム	Simon Mepeham	1328-1333

53	ジョン・ストラットフォード	John Stratford	1333-1348
54	トマス・ブラッドウォーディン	Thomas Bradwardine	1349-1366
55	サイモン・イズリップ	Simon Islip	1349
56	サイモン・ランガム	Simon Langham	1366-1376
57	ウィリアム・ウィットルシー	William Whittlesey	1368-1374
58	サイモン・サドベリー	Simon Sudbury	1375-1381
59	ウィリアム・コートニー	William Courtenay	1381-1396
60	トマス・アランデル	Thomas Arundel	1397-1414
61	ロジャー・ウォールデン	Roger Walden	1398
62	ヘンリー・チチェリー	Henry Chichele	1414-1443
63	ジョン・スタッフォード	John Stafford	1443-1452
64	ジョン・ケンプ	John Kemp	1452-1454
65	トマス・バウチャー	Thomas Bourchier	1454-1486
66	ジョン・モートン	John Morton	1486-1501
67	ヘンリー・ディーン	Henry Dean	1501-1503
68	ウィリアム・ウォーラム	William Warham	1503-1532
69	トマス・クランマー	Thomas Cranmer	1533-1556
70	レジノールド・プール	Reginald Pole	1556-1558
71	マシュー・パーカー	Matthew Parker	1559-1575
72	エドマンド・グリンダル	Edmund Grindal	1576-1583
73	ジョン・ホイットギフト	John Whitgift	1583-1604
74	リチャード・バンクロフト	Richard Bancroft	1604-1610
75	ジョージ・アボット	George Abbot	1611-1633
76	ウィリアム・ロード	William Laud	1633-1645
77	ウィリアム・ジャクソン	William Juxon	1660-1663
78	ギルバート・シェルドン	Gilbert Sheldon	1663-1677
79	ウィリアム・サンクロフト	William Sancroft	1678-1690
80	ジョン・ティロットソン	John Tillotson	1691-1694

81	トマス・テニソン	Thomas Tenison	1695-1715
82	ウィリアム・ウエイク	William Wake	1716-1737
83	ジョン・ポター	John Potter	1737-1747
84	トマス・ヘリング	Thomas Herring	1747-1757
85	マシュー・ハットン	Matthew Hutton	1757-1758
86	トマス・セッカー	Thomas Secker	1758-1768
87	フレデリック・コーンウォーリス	Frederick Cornwallis	1768-1783
88	ジョン・ムーア	John Moore	1783-1805
89	チャールズ・マナーズ・サットン	Charles Manners Sutton	1805-1828
90	ウィリアム・ハウリー	William Howley	1828-1848
91	ジョン・バード・サムナー	John Bird Sumner	1848-1862
92	チャールズ・トマス・ロングリー	Charles Thomas Longley	1862-1868
93	アーチボールド・キャンベル・テイト	Archibald Campbell Tait	1868-1882
94	エドワード・ホワイト・ベンソン	Edward White Benson	1883-1896
95	フレデリック・テンプル	Frederick Temple	1897-1902
96	ランドール・トマス・デーヴィドソン	Randall Thomas Davidson	1903-1928
97	コズモ・ゴードン・ラング	Cosmo Gordon Lang	1928-1942
98	ウィリアム・テンプル	William Temple	1942-1944
99	ジェフリー・フランシス・フィッシャー	Geoffrey Francis Fisher	1945-1961
100	アーサー・マイケル・ラムゼイ	Arthur Michael Ramsey	1961-1974
101	フレデリック・ドナルド・コーガン	Frederick Donald Coggan	1974-1980
102	ロバート・ランシー	Robert. A. K. Runcie	1980-1991
103	ジョージ・ケアリー	George. L. Carey	1991-2002
104	ローワン・ウィリアムズ	Rowan Williams	2003-2012
105	ジャスティン・ウェルビー	Justin Welby	2013-

3、日本聖公会関係学校一覧

学校法人立教学院　171-0021　東京都豊島区西池袋 3-34-1
立教大学　171-8501　東京都豊島区西池袋 3-34-1
立教新座中学校・高等学校　352-8523　埼玉県新座市北野 1-2-25
立教池袋中学校・高等学校　171-0021　東京都豊島区西池袋 5-16-5
立教小学校　171-0021　東京都豊島区西池袋 3-36-26

学校法人立教女学院　168-8616　東京都杉並区久我山 4-29-60
立教女学院高等学校　168-8616　東京都杉並区久我山 4-29-60
立教女学院中学校　168-8616　東京都杉並区久我山 4-29-60
立教女学院小学校　168-8616　東京都杉並区久我山 4-29-60

学校法人香蘭女学校　142-0064　東京都品川区旗の台 6-22-21
香蘭女学校高等科　142-0064　東京都品川区旗の台 6-22-21
香蘭女学校中等科　142-0064　東京都品川区旗の台 6-22-21

学校法人聖路加国際大学　104-0044　東京都中央区明石町 10-1
聖路加国際大学　104-0044　東京都中央区明石町 10-1

学校法人聖ステパノ学園　255-0003　神奈川県中郡大磯町大磯 868
聖ステパノ学園中学校　255-0003　神奈川県中郡大磯町大磯 868
聖ステパノ学園小学校　255-0003　神奈川県中郡大磯町大磯 868

学校法人柳城学院　466-0034　名古屋市昭和区明月町 2-54
名古屋柳城短期大学　466-0034　名古屋市昭和区明月町 2-54
名古屋柳城女子大学　466-0034　名古屋市昭和区明月町 2-54

学校法人平安女学院
　602-8013　京都市上京区下立売通烏丸西入五町目町 172-2
平安女学院大学
　602-8013　京都市上京区下立売通烏丸西入五町目町 172-2
　569-1092　大阪府高槻市南平台 5 丁目 81-1
平安女学院高等学校
　602-8013　京都市上京区下立売通烏丸西入五町目町 172-2
平安女学院中学校
　602-8013　京都市上京区下立売通烏丸西入五町目町 172-2

学校法人聖十字学院　510-1232　三重県三重郡菰野町宿野 1346
聖十字看護専門学校　510-1232　三重県三重郡菰野町宿野 1346

学校法人プール学院　544-0033　大阪市生野区勝山北 1-19-31
プール学院高等学校　544-0033　大阪市生野区勝山北 1-19-31
プール学院中学校　544-0033　大阪市生野区勝山北 1-19-31

学校法人桃山学院　594-1198　和泉市まなび野 1-1
桃山学院大学　594-1198　和泉市まなび野 1-1
桃山学院教育大学　590-0114　堺市南区槇塚台 4-5-1
桃山学院高等学校　545-0011　大阪市阿倍野区昭和町 3-1-64
桃山学院中学校　545-0011　大阪市阿倍野区昭和町 3-1-64

公益財団法人聖バルナバ病院　543-0032　大阪市天王寺区細工谷 1-3-18
聖バルナバ助産師学院　543-0032　大阪市天王寺区細工谷 1-3-18

学校法人聖ミカエル国際学校　650-0004　神戸市中央区中山手通 3-17-2

学校法人松蔭女子学院　657-0015　神戸市灘区篠原伯母野山町 1-2-1
神戸松蔭女子学院大学　657-0015　神戸市灘区篠原伯母野山町 1-2-1
松蔭高等学校　657-0805　神戸市灘区青谷町 3-4-47
松蔭中学校　657-0805　神戸市灘区青谷町 3-4-47

学校法人八代学院　658-0032　神戸市東灘区向洋町中 9-1-6
神戸国際大学　658-0032　神戸市東灘区向洋町中 9-1-6
神戸国際大学附属高等学校　655-0004　神戸市垂水区学が丘 5-1-1

立教英国学院（Rikkyo School in England）
Guildford Road, Rudgwick, West Sussex RH12 3BE, England

学校法人聖公会神学院 158-0097　東京都世田谷区用賀 1-12-31

ウイリアムス神学館
602-8011　京都市上京区烏丸通下立売上る桜鶴円町 380

公益財団法人キープ協会　407-0301　山梨県北杜市高根町清里 3545

（2023 年 2 月現在）

4、さらに学びたい方のための主要参考文献

1 ウルフ、W. J. 編、西原廉太訳『聖公会の中心』聖公会出版、1995年。

2 サイクス.S. 編、村上達夫訳『聖公会における権威』白石庵敬神会、1989年。

3 サゲイト、A. 、関正勝訳『W・テンプルと英国のキリスト教社会倫理思想』聖公会神学院、2005年。

4 塚田理『イングランドの宗教—アングリカニズムの歴史とその特質—』教文館、2004年。

5 塚田理『日本聖公会の形成と課題』聖公会出版、1978年。

6 西原廉太他『総説・キリスト教史3　近・現代篇』日本キリスト教団出版局、2007年。

7 西原廉太『リチャード・フッカー—その神学と現代的意味—』聖公会出版、1995年。

8 西原廉太『続・聖公会が大切にしてきたもの—宣教の課題と可能性—』聖公会出版、2012年。

9 西原廉太『聖公会の職制論—エキュメニカル対話の視点から—』聖公会出版、2013年。

10 松平惟太郎『日本聖公会百年史』日本聖公会教務院文書局、1959年。

11 ムアマン、J. R. H. 、八代崇他訳『イギリス教会史』聖公会出版、1991年。

12 森紀旦編『聖公会の礼拝と祈祷書』聖公会出版、1989年。

13 八代崇『新・カンタベリー物語—アングリカン・コミュニオン小史—』聖公会出版、1987年。

14 八代崇『イギリス宗教改革史研究』創文社、1979年。

15 Avis, Paul, *The Identity of Anglicanism : Essentials of Anglican*

Ecclesiology, T&T Clark, 2008.

16 Avis, Paul, *The Anglican Understanding of the Church,* SPCK, 2000.

17 Avis, Paul, *Anglicanism and the Christian Church,* T&T Clark (2nd ed.), 1989.

18 Chapman, Mark, *Anglicanism –A Very Short Introduction–,* Oxford University Press, 2006.

19 McAdoo, H.R., *The Spirit of Anglicanism,* A&C Black, 1965.

20 Neil, Stephen, *Anglicanism,* Penguin, 1958.

21 Sykes, Stephen (ed.), *The Study of Anglicanism,* SPCK/Fortress Press, 1988.

22 Williams, Rowan, *Anglican Identities,* DLT, 2004.

23 知里幸恵『アイヌ神謡集』岩波書店、1978年。

正造は一〇〇年も前に聖書から読みとっていたのである。

折しも今年は聖公会をはじめとするプロテスタントのキリスト教が伝わって一五〇年の年。琉球にはその一三年前に伝わっていた。カトリックはさらに歴史が古い。その歴史の中に埋もれたキリスト教の足跡を、これからも地道に探し続けていきたい。

（にしはら・れんた＝立教大学教授）

置かれていた岡谷の製糸工場の女子工員たちだった。

「なけなしのお小遣いを献金として手に握り締めながら教会にかけつけると、階段の下で背の高い青い目の司祭さんが待ちかまえていて、『よく来たね』と私を抱きしめてくれた。お説教の意味はよくわからなかったけれど、その暖かさに涙があふれた」という元女子工員の証言がある。

工場で硬いいすに座り続けた彼女たちは、「家に戻ったような気持ちになりたい」と訴え、この教会は畳敷きとなった。それは今も変わっていない。彼女たちが癒され、慰められ、自己の尊厳を回復する場として教会が機能していくことを知った私は、同様の歴史を探し始めることになった。

日本の「解放の神学」

足尾鉱毒事件を摘発した田中正造も、洗礼こそ受けなかったが、聖書の影響を受けていた。彼が亡くなった時、枕元には渡良瀬川の小石と、帝国憲法、そして聖書が残されていた。実際、彼は遊水池化に反対して闘争する栃木・谷中村の住民を思いながら「見よ、神は谷中にあり。聖書は谷中人民の身にあり」という言葉を書簡に残している。六〇年代にラテンアメリカで生まれた、抑圧された人々の解放を求めた「解放の神学」を、

し、私はそこに彼女が受け取ったイエス・キリストの福音を強く感じる。貧しい者、虐げられる者のために死んでいったイエスの姿を、フクロウの神の物語に見いだしていたのではないか。聖書に描かれる徹底した弱者への共感。それが幸恵ら抑圧されてきたアイヌ民族の心と重なったのではないか。

もっとも、幸恵は東京の教会にはなじめなかったようだ。国語学者の金田一京助に連れられて東京に出てからは、教会への違和感を日記でつづっている。彼女にとって大切だったのは儀式ではなく実践だったのだ。

女子工員たちを癒す

英国の神学を専門とする私が、日本における埋もれたキリスト教の足跡に興味を持つようになったのは一九九〇年代半ば。立教大学大学院修了後、長野県岡谷市にある岡谷聖バルナバ教会での働きを始めたころだ。

諏訪湖畔にある岡谷聖バルナバ教会は二八年、カナダ聖公会のホリス・コーリー司祭によって建てられた。カナダ聖公会本部からはもっとにぎやかな上諏訪や温泉地で知られる下諏訪に建てるべきだという指示があったが、コーリーは最も重荷を背負っている人々のそばに教会を建てるべきだと判断した。その人々というのは、当時過酷な状況に

日本経済新聞　２００９年（平成21年）１０月２０日（火曜日）

文化

日本のキリスト教史発掘

◇埋もれた「外史」追い15年、各地に弱者への共感精神◇

西原廉太

日本でキリスト教徒が全人口に占める割合は１％にも満たないといわれる。しかし、キリスト教はその数字以上に日本社会に様々な影響を与えてきた。例えば、アイヌ民族が自らの尊厳と文化を守るきっかけの一つとなったことは、あまり知られていない。そうした日本におけるキリスト教の、歴史では語られない、いわば「外史」を、私は15年近く研究してきた。

＊○＊

民族解放運動にも影響

アイヌの人々にキリスト教を伝えたのは、英国聖公会（英国国教会系の教会）の宣教師ジョン・バチェラーである。明治政府の開拓政策が本格化した１８７７年、北海道にやって来た彼は、アイヌ民族の中に多数のキリスト教信者を育てた。さらにアイヌ民族の地位向上を図るため、児童教育施設「愛隣学校」など、多くの教育・福祉施設を作った。

バチェラーが伝えた聖書の教えは結果として、アイヌ民族としてのアイデンティティーを守ろうとする人々を生み出すことにつながった。彼の養女で歌人のバチェラー八重子、同じく歌人の違星北斗、戦後のアイヌ民族解放運動の指導者で、立教大学を出てアイヌ民族として初めて聖公会司祭となった向井山雄らがその代表である。

アイヌ民族の神謡ユーカラの筆録・編纂で知られる知里幸恵も、バチェラーや養母で聖公会伝道師だった金成マツの影響で、熱心なキリスト教信者となった。それは彼女のユーカラの選び方にも表れているように思う。

幸恵が神謡集の最初に選んだユーカラは「銀のしずく降る降るまはりに」ではじまるフクロウの神の物語。金持ちの子が放った矢には当たらなかったフクロウの神だが、ぼろぼろの服を身にまとい、ほかの子どもからいじめられる「貧しき子」のことは憐れに思う。そして、その子が放った木の矢には自ら当たり、地上へと落ちていく。

そのユーカラをなぜ第一としたかという理由について幸恵は書き残していない。しかし、私はそこに彼女が受け取ったイエス・キリストの福音を強く感じる。貧しい者、虐げられる者のために死んでいったイエスの姿を、フクロウの神の物語に見いだしていたのではないか。聖書に描かれる徹底した弱者への共感。それが幸恵ら抑圧されてきたアイヌ民族の心と重なったのではないか。

もっとも、幸恵は東京の教会にはなじめなかったようだ。国語学者の金田一京助に連れられて東京に出てからは、教会への違和感を日記でつづっている。彼女にとって大切だったのは儀式ではなく実践だったのだ。

今も室内は畳敷きの岡谷聖バルナバ教会

＊○＊

女子工員たちを癒やす

英国の神学を専門とする私が、日本における埋もれたキリスト教の足跡に興味を持つようになったのは１９９０年代半ば。立教大学大学院修了後、長野県岡谷市にある岡谷聖バルナバ教会での働きを始めたころだ。

諏訪湖畔にある岡谷聖バルナバ教会は28年、カナダ聖公会のホリス・コーリー司祭によって建てられた。カナダ聖公会本部からはもっとにぎやかな上諏訪や温泉地で知られる下諏訪に建てるべきだという指示があったが、コーリーは最も重荷を背負っている人々のそばに教会を建てるべきだと判断した。その人々というのは、当時過酷な状況に置かれていた岡谷の製糸工場の女子工員たちだった。

「なけなしのお小遣いを献金として手に握り締めながら教会にかけつけると、階段の下で背の高い青い目の司祭さんが待ちかまえていて、『よく来たね』と私を抱きしめてくれた。お説教の意味はよくわからなかったけれど、その温かさに涙があふれた」という元女子工員の証言がある。

工場で硬いいすに座り続けた彼女たちは、「家に戻ったような気持ちになりたい」と訴え、この教会は畳敷きとなった。それは今も変わっていない。彼女たちが癒やされ、慰められ、自己の尊厳を回復する場として教会が機能していくことを知った私は、同様の歴史を探し始めることとなった。

＊○＊

日本の「解放の神学」

足尾鉱毒事件で闘った田中正造も、洗礼こそ受けなかったが、聖書の影響を受けていた。彼が亡くなった時、枕元には渡良瀬川の小石と、帝国憲法、そして聖書が残されていた。実際、彼は遊水池化に反対して闘争する栃木・谷中村の住民を思いながら「見よ、神は谷中にあり。聖書は谷中人民の身にあり」という言葉を書簡に残している。

60年代にラテンアメリカで生まれた、抑圧された人々の解放を求めた「解放の神学」を、正造は１００年も前に聖書から読みとっていたのである。

折しも今年は聖公会をはじめとするプロテスタントのキリスト教が伝わって１５０年の年。琉球にはその13年前に伝わっていた。カトリックはさらに歴史が古い。その歴史の中に埋もれたキリスト教の足跡を、これからも地道に探し続けていきたい。（にしはら・れんた＝立教大学教授）

やって来た彼は、アイヌ民族の中に多数のキリスト教信者を育てた。さらにアイヌ民族の地位向上を図るため、児童教育施設「愛隣学校」など、多くの教育・福祉施設を作った。

バチェラーが伝えた聖書の教えは結果として、アイヌ民族としてのアイデンティティを守ろうとする人々を生み出すことにつながった。彼の養女で歌人のバチェラー八重子、同じく歌人の違星北斗、戦後のアイヌ民族解放運動の指導者で、立教大学を出てアイヌ民族として初めて聖公会司祭となった向井山雄らがその代表である。

アイヌ民族の神謡ユーカラの筆録・編纂で知られる知里幸恵も、バチェラーや養母で聖公会伝道師だった金成マツの影響で、熱心なキリスト教信者となった。それは彼女のユーカラの選び方にも表れているように思う。

幸恵が神謡集の最初に選んだユーカラは「銀のしずく降る降るまはりに、金のしずく降る降るまはりに」ではじまるフクロウの神の物語。金持ちの子が放った矢には当たらなかったフクロウの神だが、ぼろぼろの服を身にまとい、ほかの子どもたちからいじめられる「貧しき子」のことは憐れに思う。そして、その子が放った木の矢には自ら当たり、地上へと落ちていく。

そのユーカラをなぜ第一としたかという理由について幸恵は書き残していない。しか

5、参考資料

日本のキリスト教史発掘

—埋もれた「外史」追い一五年、各地に弱者への共感精神—

（二〇〇九年一〇月二〇日付『日本経済新聞』文化欄）

日本でキリスト教徒が全人口に占める割合は一％にも満たないといわれる。しかし、キリスト教はその数字以上に日本社会に様々な影響を与えてきた。例えば、アイヌ民族が自らの尊厳と文化を守るきっかけの一つとなったことは、あまり知られていない。そうした日本におけるキリスト教の歴史では語られない、いわば「外史」を、私は一五年近く研究してきた。

民族解放運動にも影響

アイヌの人々にキリスト教を伝えたのは、英国聖公会（英国国教会系の教会）の宣教師ジョン・バチェラーである。明治政府の開拓政策が本格化した一八七七年、北海道に

著者　西原　廉太（にしはら・れんた）

1962年、京都生まれ。京都大学工学部卒業。聖公会神学院卒業。立教大学大学院文学研究科組織神学専攻修了。博士（神学）。

現在、立教大学総長、立教学院院長、立教大学文学部キリスト教学科、立教大学大学院キリスト教学研究科教授。専門は、アングリカニズム（英国宗教改革神学）。キリスト教学校教育同盟理事長。日本私立大学連盟常務理事。

日本聖公会中部教区主教。世界教会協議会（WCC）前中央委員、聖公会―ルーテル教会国際委員会（ALIC）前委員。世界改革派教会―世界聖公会国際委員会（IRAD）前委員。

著書として、『リチャード・フッカー―その神学と現代的意味』（聖公会出版、1995年）、'*Other Voices, Other Worlds*' (Darton, Longman & Todd: London, 2006)、『総説キリスト教史3 近・現代篇』（共著：日本キリスト教団出版局、2007年）、『知の礎』（共著：聖公会出版、2006年）、『続・聖公会が大切にしてきたもの―宣教の課題と可能性』（聖公会出版、2012年）、『聖公会の職制論―エキュメニカル対話の視点から』（聖公会出版、2013年）など多数。

聖公会が大切にしてきたもの

2016年12月20日　初版発行
2023年 4 月20日　2版発行

著　者　西原　廉太
デザイン　田宮　俊和
発行者　渡部　満
発行所　株式会社　教文館
〒104-0061　東京都中央区銀座4-5-1
電話 03-3561-5549　FAX 03-5250-5107
URL http://www.kyobunkwan.co.jp/publishing/
組版・DTP　堀江制作
印刷所　株式会社　三秀舎

配給元　日キ販　〒162-0814　東京都新宿区新小川町9-1
電話 03-3260-5670　FAX 03-3260-5637

ISBN978-4-7642-6125-9 C1016

教文館の本

E. A. リヴィングストン編　木寺廉太訳

オックスフォード　キリスト教辞典

A 5 判 1018 頁 12,000 円

世界的に定評のある Oxford Dictionary of Christian Church のコンサイス版。標準的で使いやすいキリスト教総合辞典。信仰・異文化理解・宗教間対話に不可欠な一冊。約 6400 項目を収録。アジアやアフリカへの視点も含んだ、グローバルでエキュメニカルな辞典。

塚田　理　［オンデマンド版］

イングランドの宗教

アングリカニズムの歴史とその特質

A 5 判 640 頁 6,500 円

カトリックかプロテスタントか？　16 世紀ヘンリー 8 世の宗教改革以来、真理と多様性の一致を求めて、ダイナミックに変貌を遂げる聖公会の歴史・神学・未来のビジョンに迫る。日本で初めて書かれた本格的な研究書。

D. ウォーカー編　木下智雄訳

ウェールズ教会史

A 5 判 320 頁 3,200 円

ケルト文化に根ざすウェールズ教会の知られざる歴史を描く。聖人の時代から、イングランドとの長い抗争を経て国教会制度の廃止後、ウェールズ聖公会として独立を勝ち取るまでの 1500 年の歩み。日本では類書のない、ウェールズについての稀書。

岩城　聰

ウイリアムス神学館叢書Ⅴ

今さら聞けない!? キリスト教

聖公会の歴史と教理編

A 5 判 248 頁 1,800 円

主教制を採りつつ信徒の同意も重視する〈実践の共同体〉である聖公会（アングリカン・コミュニオン）。その特徴的な思想「ヴィア・メディア（中間の道）」はいかに形成され実践されてきたのか、最新の動向も交えて解説する。

聖公会・ルーテル共同委員会編

共同の宣教に召されて

聖公会・ルーテル教会の対話とヴィジョン

B 6 判 232 頁 1,500 円

20 年にわたる日本聖公会と日本福音ルーテル教会のエキュメニズムの成果をまとめ、今後の展望を描いた合意文書集。すでに世界的動きになっている聖公会とルーテル教会の協力関係を示す文書を集め、相互の対話を付した。

価格は本体価格（税別）です。